観葉植物男子

会社員が200株と
暮らしてわかった、枯らさないコツ

かい｜園芸インストラクター

WILLIAM SUTTON

はじめに

こんにちは。インスタグラムを中心に、植物を枯らさず元気に育てるためのコツやノウハウを発信している「@botanical_vlog」のかいです。

僕は子どもの頃から自然や生きものが好きで、将来は生きものに関わる仕事をしたいと思っていました。そこで専門的な勉強ができる農業高校に進学を決め、専攻は畜産科でしたが、植物の栽培についてもひととおり学びました。もともと野菜や家庭菜園に興味があり、実家で暮らしていたときはプランターで野菜を育てたり、近くの畑を借りて本格的な家庭菜園も経験しています。そんな経緯から、育てるのっておもしろい、もっと上手に育てるにはどうすればいいんだろう？　と考えるようになり、卒業後は農業関係の道に進みました。いまは日々、仕事で花や野菜の生産者の方に接しています。

観葉植物を育てはじめたのは、いまの部屋に引っ越してから。自分が住む

部屋をおしゃれにしたくて、家具だけではなく好きな植物も置きたいと思いました。そこでまず、育てやすいといわれているゴムの木系のフィカス・ベンガレンシスを1株購入しました。（ちなみに60ページに登場しているのが、僕がはじめて購入したわが家のベンガレンシスです。）それから、観葉植物だけにしかない魅力や、植物を育てるという楽しすぎる底なし沼にハマって、ふと気づいたらこれまで40種類・200株以上の植物と暮らしています。

この本には、通勤している会社員の僕が、ごく普通の部屋でたくさんの植物と暮らしながら身につけた知識がギュッと詰め込まれています。はじめて観葉植物を育てる人や、育てかたに悩んでいる人、枯らしてしまったことがある人に、参考にしてもらえたらうれしいです！

観葉植物は仲間のような存在。日本とは異なる環境の遠い国からやってきた友人が、どうしたら過ごしやすいか工夫するのも植物と暮らす醍醐味です。

植物と一緒に暮らしを豊かにしていきましょう。

目次

第3章

観葉植物男子の休日

ショップで見るべきポイント、いい植物の選びかたを教えます

第4章

剪定、板付け、もっと自分好みに！
植物を120%楽しむ　応用編

第5章

植物を無限に増やす方法、教えます
観葉植物 裏ワザ集

第6章

水やりから虫対策まで
「こんなときどうする?」に答えます!

水やりのギモン

ブックデザイン／川村哲司（atmosphere ltd.）
撮影／林ひろし
DTP／富宗治
校正／麦秋アートセンター
編集協力／佐藤綾香
編集／橋本恵子（KADOKAWA）

第1章

観葉植物男子の日常

植物が枯れない部屋のヒミツ

インテリアとして迎えた1株のベンガレンシスから、愛でる楽しさにハマって、現在は150株と暮らしています。オフィスで働く多忙な会社員の僕が、どうやって部屋の植物を枯らさずに世話しているのかを紹介したくて、まずは僕の部屋を公開します！

※〔　〕内は植物の属名、（）内は品種を表します。

ビカクシダ
（リドレイ）
ビカクシダ
（ウィリンキー）
フィカス
（ウンベラータ）
センナ
（メリディオナリス）
ユーフォルビア
パキポディウム
（グラキリス）
フィロデンドロン
（セローム）
カラテア
（オルビフォリア）
フィカス
（ティネケ）
カラテア
（トリオスター）

植物を置いているのは、リビングダイニングだけ！

「150株の植物と暮らしている」というと、玄関から寝室、浴室まで家中のあらゆる場所に植物を置いていると思うかもしれません。

だから意外かもしれませんが、実は僕が植物を置いているのはリビングダイニングだけ。リビングダイニングにまとめているのには、ちゃんと理由があります。

植物が元気に育つ場所は、

①風通しがよい

②エアコンの風が直接当たらない

③直射日光が当たらない窓際の明るい場所

④自分がいつも過ごしている場所

特に④は意外と重要で、1日のうちで自分がよくいる、出入りする場所だと、観察がしやすいからです。

これらの条件に当てはまるリビングダイニングは、植物を置くのにもってこいの場所。

普段から植物を見ていると、新芽が出てきたな、葉っぱがしおれてきたかも…など、いま植物が何を欲しているのかがわかるようになってきます。

それになんといっても、部屋で過ごしているときに、目線の先に植物があると気持ちが上向きに！　生活にグリーンを取り入れたいなら、まずは自分の家のリビングダイニングに、どんな植物を置きたいか想像してみてください。ちょっと楽しくなってきませんか？

枯れない理由 1

植物は自分がいつも過ごす場所に置く

部屋にもともとあったピクチャーレールを使って、ビカクシダとチランジア（エアプランツ）を2種類ずつハンギングしてディスプレイしています。自分の家のなかで、特にお気に入りの一角。

お気に入りの場所、目が届く場所に置くのが◎

右は僕の家のリビングダイニングの間取り図。小型の鉢や季節の植物や枝もの、また世話のしかたが同じものはまとめています。キッチンやテーブルの上にも一部の植物を置いています。

- エアプランツなど
- 多肉植物など
- 観葉植物

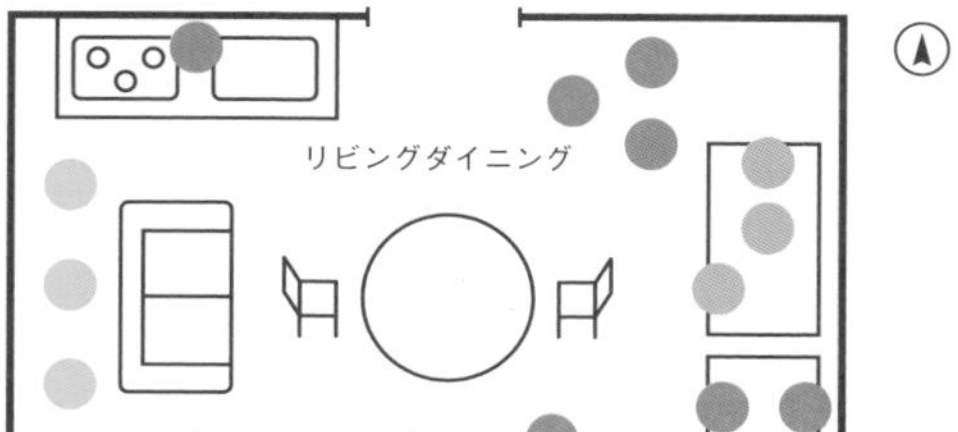

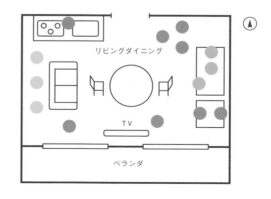

会社員だから、合理的に世話をしている！

僕は通勤している会社員だから、平日の世話は出勤前の時間だけ。朝起きて植物の様子を見て、必要な鉢をベランダに出して水やり。それぞれ週1回程度で十分ですが、毎日どれかしらの植物には水やりします。

植物がリビングダイニングにまとめて置いてあることでほかの鉢との比較もできますし、ここからここまで、と世話をする植物の範囲もわかりやすくなります。

植えかえなど、水やり以外の時間のかかる世話は休日に行っていますが、基本的には午前中や、遅くとも夕方になる前に終わらせます。

朝は何かと慌ただしく、帰宅後に世話をしたくなると思います。ですが、夜の水やりは気温が下がると寒さで根が傷んでしまいますし、根が生長して伸びていく夜間は土が乾いている状態のほうがいいのです。朝に世話をしたほうが、植物は元気に育ちます！

かいさんの
モーニングルーティン

平日	
5:00	起床
5:30	葉水（48ページ）+水やり
	※液体肥料を与えるならこのとき！
6:00	Instagramの撮影や発信
7:00	朝食+仕事の支度
7:30	植物を室内に取り入れ、出発

▬ =水切りはこの間に行う。

水やり後の水切りは、鉢1つあたり20～30分。水が切れた鉢から取り込む。植物の世話は基本、朝だけ。時間がある休日は、大きな鉢の植物など水やりに時間がかかるものを中心に世話をしています。

枯れない理由 2

植物の世話は朝、出勤前だけと決めている

植物は似たもの同士でまとめている！

僕は家のなかにある複数の植物を、それぞれ同じ科・同じくらいの生長段階など、「似たもの同士」でまとめています。すると置き場所（育つ環境）がほぼ同じになって、水や肥料を与えるタイミングや植えかえ、剪定、害虫対策などの世話が一緒にできます。

似た植物同士を近くに置くことで、多肉植物の日当たりを補うために使うＬＥＤライトや、ハンギングしている植物に風を当てるためのサーキュレーターをつけるなど、ちょっと特別な管理が必要な場合も、その植物たちが置いてある場所にだけ用意すればよくなります。

これがもし、植物を似たもの同士ではなく、好き勝手に置いたとするとそれぞれの場所にＬＥＤやサーキュレーターをつける必要が出てくるし、光が好きな植物と日陰が好きな植物とが隣り合った場合、その置き場所がどちらかの植物にとって、合わない環境になります。

同じ種類の植物を近くに置いておくメリットとして、植物の生育具合の違いがわかりやすくなるということもあります。たとえば、同じ日に同じ土にタネをまいて育てた株（実生《みしょう》株／48ページ）のように、まったく同じように育てても、同じようには育たないのが普通です（23ページ下写真）。ある程度大きくなったら、目に見える違いというのはだんだん小さくなってきますが、「この葉のほうが大きいから小さいほうの株を日当たりのよい場所に移そう」など、近くにある植物の生育状況を比較すれば、必要な世話が推測できます。

枯れない理由 3

同じ科や同じ生長段階なら管理しやすい

小さめの多肉植物は棚の上に並べて管理しやすく。多肉植物の生長には強い光が必要だから、植物育成用LEDライトの光が真上からしっかり当たるように工夫しています。

同時にタネをまいたグラキリス。一緒に育てても生長の度合いはひとつひとつ違う。生育がいい株や自分好みの形をしている株を選び、少しずつ大きな鉢に植えかえて育てます。

植物が自生している環境をヒントにしている！

植物を室内でも元気に育てるため、その植物が自然のなかにいるときの環境に近づけることを意識しています。一番大切なのは、風を作ること。自然界で風がまったく吹かないことはないですよね。植物に適度な風が当たることで、生長がよくなります。風が吹くと葉から水分の蒸散がうながされ、植物が根から水をよく吸い上げる。そうすると土のなかの水分が乾き、根が水分を探して伸びていく…という仕組みです。根がしっかりしている植物は、元気に大きく育ちます。

置き場所や水やりのしかたについても、その植物が自生している環境がヒントになります。たとえば中央アメリカ原産のモンステラは、現地では薄暗いジャングルで5m以上の大きさに育ちます。そこから「薄暗い環境が好き（日光浴不要）」で「高温多湿を好む」、「とても大きくなる（生長が早い）」とわかります。

また、多肉植物は冬か夏に「断水」といって水分の吸収を必要最低限にする時期があります。原産地では雨が降らない時期があるため、植物は休眠に入ることで、水を必要としなくなります。乾燥した砂や岩場で育った植物は、土は水やりのときに濡れているぐらいでいいのです。

植物の原産地から、その植物が元気に育つためのさまざまな情報がわかります。

植物を枯らさず、元気に育てるためには、その植物が自然界ではどんなふうに育っているかを知り、それに近い環境を作ってあげましょう。

枯れない理由 4

その植物がいたのはどんな場所？
原産地の環境に近づけるとよく育つ

ビカクシダ（別名コウモリラン）は、樹木に着生して育つシダ植物。木の高いところに生育し、明るい場所を好む。風通しのよい場所を好むため、蒸れに注意して通気性をよくする。赤道に近い地域に自生するため、暖かいほうが好き。

僕が育てている多肉植物は、「夏型」と呼ばれる夏に生育して冬に休眠するタイプ。生育には20～30℃の高い気温と、強い光を好む。湿度には弱いため、育成用LEDライトの光とサーキュレーターの風を真上からしっかり当てて、自生地のようなカラリとした環境を作る。

日々、観察することが大事。自分と植物との相性もある

植物をリビングダイニングに、似たもの同士でまとめて置くのは世話がしやすいようにするためです。そして、植物を自分がいつも過ごしている場所に置くことで、その様子を常に観察できるようにしています(単純に植物を見ていたいというのもありますが)。

植物の些細な変化に気づけたら、植物が何を欲しているのか、だんだんとわかるようになります!

新芽が出てきたとか、子株ができたなどのうれしい変化はもちろん、葉の色が一部変わったとか、クモの巣みたいな糸が張っている(=ハダニがいる)などの異変も、毎日、植物をよく見ているから気づくこと。

植物にいい変化があったら、肥料を与えたり、株分けをしたりする時期に来たなと考えます。異変を発見したら原因を探して、大きなダメージになる前に対処

僕がとても大切にしている
わが家の御神木のグラキリス

盆栽のようにも見えるこの植物は、コーデックス(塊根植物)という種類の多肉植物。佇まいがカッコよすぎる「パキポディウム・グラキリス」は、わが家の植物で過去最高額の御神木。タネから育てている手前の小さなグラキリスに、こんなふうに丸く大きくなれ〜と念を送っています。右奥の細い木のような「センナ」はマメ科の灌木(低木)系塊根植物です。

することもできます。

毎日ただ水やりをするだけではダメ。僕が「観察が大事」といっているのは、葉の裏や幹、土の表面などもじっくり見て、いつもとの違いに気づくことができれば、植物に必要なものが何か、わかってくるからです。

枯らしてもいい。それだって育てる楽しみ

とはいっても、どんなに気をつけていても枯れてしまうことがあります。原因もわからず急に枯れたり、じわじわと枯れていったり…。そういうときは、これまでどんな世話や管理をしていたのかを見直して、次はこうしてみよう、ここを変えてみよう、と試行錯誤。それも植物を育てる楽しみです。

タネから育てるとよくわかるのですが、同じ世話をしてもしっかり大きく育つものと、ひょろひょろして小さいものと個体差があります。これはもう、タネがもっている素質としかいえません。

タネから育てたホリダは2年くらいでこの大きさに

僕の一番のお気に入りは、タネをまいてイチから育てた「アガベ・ホリダ」。特に生育がよくて、形がいいものを選んで約2年育ててこの大きさになりました。いまは、マレーシアの作家が作ったとっておきの鉢に植えかえています。

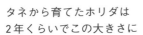

もともと健康な株は、その後もきちんと世話をしてあげれば元気に育ちます。だから植物を買うときは「元気な株」「生育がいい株」を買いましょうといわれるのです。それでもなぜか枯れてしまう、元気がなくなることも。最後は植物と自分との「相性」の問題だと思います。同じように育てても違いが出てきます。

植物との相性の良し悪し、得意不得意は、僕にだってあります。育てていて相性がいいなと思うのは、アガベとフィカス。反対に、カラテア系の植物とは相性がよくない（悪いとはいいたくない）かもしれません。

やっぱり、育ててみないと植物との相性はわかりません。好きなら片思いだっていい。まずは自分が好きだと思う植物から育ててみましょう。

枯れない理由 5

異国の地の植物との出合いはそれだけで奇跡。何より自分が楽しむこと！

誰しも植物との相性の良し悪し、得意不得意もある！

カラテア系は実はちょっと苦手。僕は斑入りの植物が好きだから、カラテア（右：トリオスター、左：オルビフォリア）も好き。だけど、育てるといつも、なんとなく元気がなくなってしまうのが悩み。

僕はアガベと好相性。株分けでも実生（タネ）でもどんどん増える。株分けはその株のクローンを作り出すイメージ。実生は、それぞれに個性があるので、親とまったく同じようにならないのがおもしろいところ。

第2章

200株と暮らしてわかった

植物の世話の基本帳

植物の世話で、最も勘違いが多いのは水やり。
植物は水が好き。だから毎日水やりが必要、というのは大間違い！
過保護にしないほうが丈夫に育ちます。水やりや肥料など、
意外と知らない植物の基本的な育てかたについて、
僕の経験に基づいてお話しします。

9割の人が勘違いしてる！観葉植物の世話7つの基本

植物を育てはじめたばかりで何もわからない、なぜかいつも枯らしてしまう、もっと上手に育てたい。そんな人に意識してほしい、世話のしかたについての7つの基本です。勘違いに気づいて、ちょっとしたコツがわかるだけで、植物は元気になります。

1 「とりあえず水やり」はNG

植物は適切なタイミングに適切な量の水やりが必要。なんとなくで水やりすると過剰になって、枯れる原因になることも。土が湿っているときはやらない、あげるときはたっぷりと。メリハリをつけて。

2 肥料の与えすぎに注意

肥料は植物にとってステーキのようなもの。必要以上の肥料を与えてしまうと消化不良を起こして、深刻なダメージを与えてしまうことも。元気がないときは、活力剤（36ページ）がおすすめです。

3 日光浴させない

植物だから日光を浴びないと！というのも大間違い。一部の植物を除き、観葉植物の多くは「少し暗めな環境（明るい日陰）」が大好きです。人気のフィカスやビカクシダなどに直射日光はNG。

4 エアコンの風に直接当てない

エアコンをつけている部屋に植物を置くのは問題ありません。エアコンの「乾燥した風」が直接植物に当たるのがよくないのです。エアコンの風で葉が揺れたら、植物と近すぎです。置き場所を見直して。

5 暗い寝室や浴室に置かない

観葉植物に直射日光はＮＧですが、光合成のために光は必要です。寝室やトイレ、浴室などに置ける植物は？と聞かれますが、元気に育てたいなら避けたほうがベター。フェイクグリーンにしましょう。

6 風のある場所で育てる

植物の生長に風は必要不可欠です。でも、家にいない場合は防犯のために窓を閉めきっている人が大半だと思います。そんな場合はサーキュレーターで風を作り、部屋の空気を動かせば大丈夫です。

7 置き場所をころころ変えない

植物の生育にいい環境を探すために、いろいろな場所に置いてみる…のはよくありません。植物はその場所に根づいて育っていくもの。植物に合った環境を作ったら、そこに慣れていくのを見守ります。

観葉植物の世話のコツ、もっと詳しく

30～31ページでは、ほとんどの人が勘違いしている、植物の世話の基本について紹介しました。ここからは特に大切な、水やり、肥料の与えかたやそのタイミング、土と鉢、植えかえ、風(乾燥対策)に、ポイントを絞って方法やコツを説明します。

POINT1 水やりのしかた

一番わかりにくいのは「水やり」。中途半端にはやらないこと

僕のインスタグラムにもっとも相談が多く、特に初心者にはわかりにくいのが水やりです。そもそも僕は、週2回の水やりはあげすぎだと思っています。大きさにもよりますが、ある程度のサイズなら週1がベストです。水やりの回数が多すぎると土が乾かず、土のなかに空気が入りこむスペースがなくなって根が呼吸できなくなります。そうすると「根腐れ」の原因になります。

また中途半端な量の水(コップ1杯じゃ足りない!)をあげても、土のなかの空気の入れかえができません。水を与えるときはたっぷりあげる。そして土をちゃんと乾かす。このメリハリが大切です。適切なタイミングで、正しいやりかたで水と酸素を与えれば、根が丈夫になって植物が元気に育ちます。

もう悩まない！　正しい「水やり」のしかた

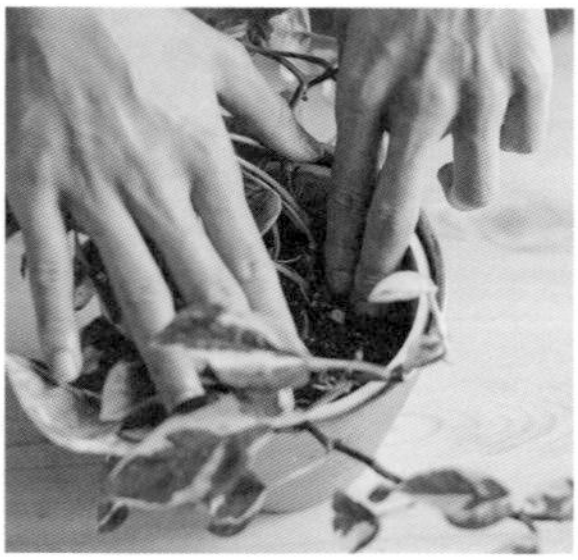

1　土の表面が乾いているか確認する

水やりは土がしっかり乾いてから行います。目安は、土の表面から2～3cmの深さまで乾いたら。わかりにくい場合は葉をかき分けて、実際に触ってみましょう。鉢を持ち上げてみて、軽く感じるというのも目安になります。
※植物によっては、もっと乾かしぎみにしたほうがいいものもあります。

2　鉢カバーや受け皿から鉢を取り出す

水やりをするときは、鉢を必ず鉢カバー（写真左）などから取り出して行います。このとき、メッシュラックなどを敷いて、鉢底を浮かせておくと水がよく切れるのでおすすめです。

水はこれくらいたっぷり

3　鉢底から水がしっかり流れ出てくるまで与える

水の量は「鉢底から出るまで」といいますが、ちょろちょろと出てくるだけでは実は全然足りていません。鉢のなかの空気を水で押し流して新しい空気を入れるつもりで、しっかりと与えましょう。土の状態や鉢の大きさによっては時間がかかります。

まだ足りない！

4　垂れてこなくなるまで水を切る

鉢底から水滴が垂れてこなくなるまで、水を切ります。メッシュラックの上にだいたい20～30分置いています。水切りが不十分だと、鉢カバーや受け皿のなかに水がたまり、根腐れや虫がわく原因に。

POINT 2

水やりの場所

室内での水やりは根腐れのもと！水やりの場所を見直そう

植物に水やりするとき、僕はベランダで行っています。鉢底からしっかり出るくらいの量の水を与えるのは、室内では難しいからです。コップやじょうろでサッとあげるくらいでは全然足りません。土の表面が濡れるだけの水やりは、土のなかの空気が入れかわらないし、害虫がわいたり、根の乾燥が起こりやすくなります。

植物の根は水分や養分を求めて伸びていくことで生長するので、土の表面だけが湿っていたり乾かないうちに水をやってしまったりすると、根が鉢の底まで伸びなくなってしまいます。だから、土の表面がしっかり乾いてからあげましょう。ベランダがない場合でもたっぷりの水があげられて、しっかり水切りをすることができればいいからシンクや浴室でも大丈夫！

水やりする場所はいろいろある！

中小サイズの鉢はシンクでもOK

小型の鉢は、シンクで水やりすることも。鉢底から土が流れてしまうこともあるため、水やり後はきれいに片づけて。水切りは水切りトレー（114ページ）で行うのがおすすめ。

基本はベランダで

朝、起きたら植物の様子を確認して、水やりが必要な鉢だけベランダに出して与えます。わが家のベランダには蛇口がないので、伸縮ホースを使ってキッチンから水を供給しています。水やりしようか悩んだときはあげない。土の状態だけではなく、植物が水を欲しているか考えるのも大事です。

ハンギングや大型鉢は浴室がおすすめ

ハンギングの植物(左)や持ち上げるのがたいへんな重い鉢(右)などは、浴室で水やりするのも手。ハンギングの植物の水切りは、ポールにぶら下げてしっかり風に当てるとよく乾きます。

POINT 3

肥料

弱っているときに与える肥料は枯れるもと

植物を元気づけたくて肥料をあげてしまう人も多いと思いますが、弱っている植物に肥料は絶対にあげないで！　肥料は植物の生長に欠かせないものです。しかし、弱っている植物はその栄養を吸い上げることができないからあげても意味がない。むしろ弱った根が肥料焼けを起こして、最悪の場合、枯れてしまいます。

弱った植物が体力を取り戻すためには、肥料ではなく「活力剤」がおすすめ。植物にとって肥料がステーキのようなごちそうだとしたら、活力剤は栄養ドリンクやサプリメントのようなもの。まずは弱っているときでも摂取できる形で栄養を摂って、元気になってもらいます。肥料は日頃からちょっとずつ摂れるように。あとは不調の原因をみつけて、そこを改善しましょう。

元気がないならメネデール！肥料じゃなくて活力剤を

植物活力素「メネデール®」は発根・発芽をうながして元気な株を育てる、植物のサプリメント。弱っている株にも、いつでも使っていい。挿し木や植えかえ後のデリケートな状態にも効果あり。
(発売元／メネデール)

肥料の与えかたは「元肥《もとごえ》」と「追肥《ついひ》」の2つ

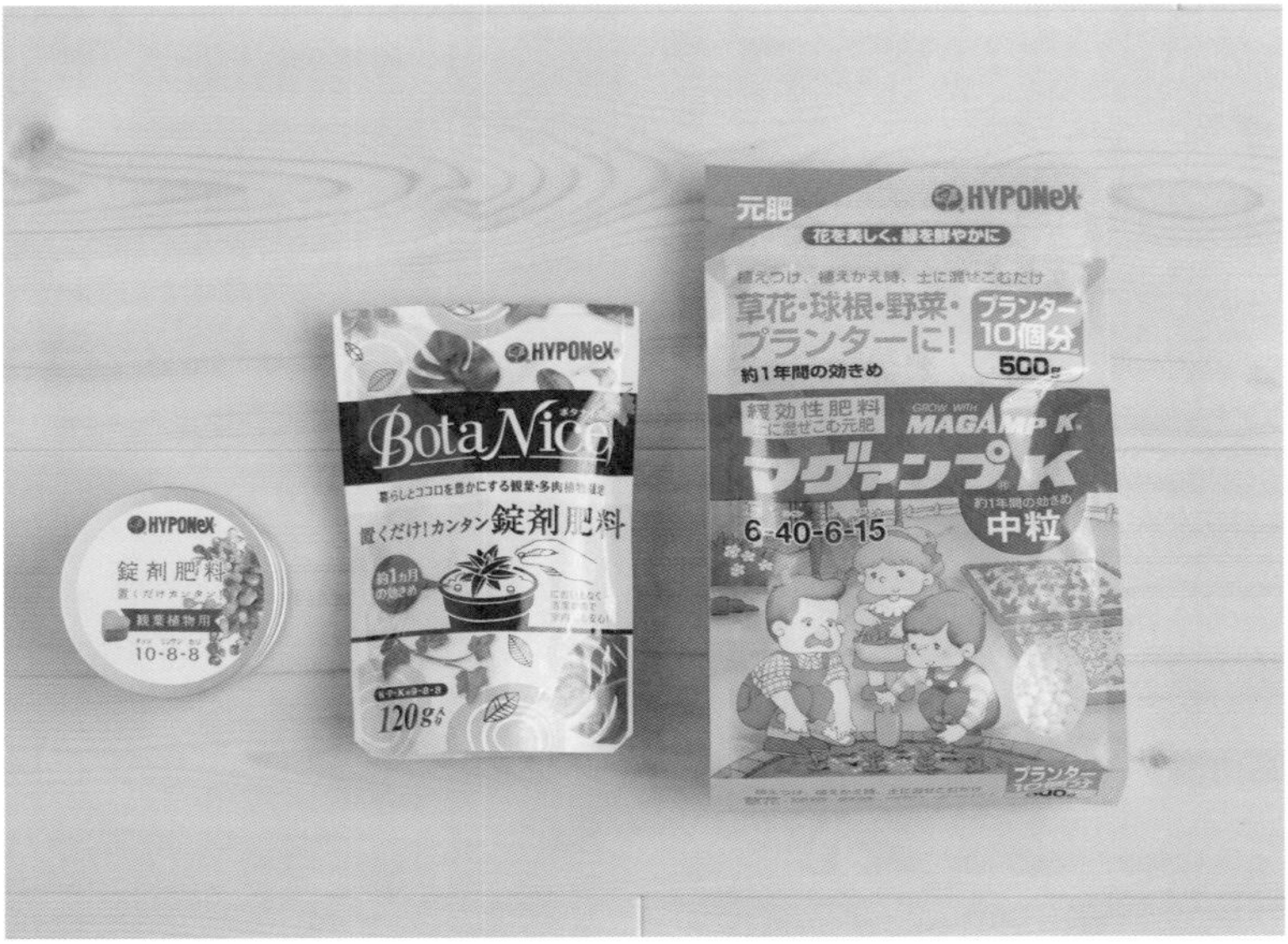

追肥用　　　　　元肥用

元肥は植えかえる土にあらかじめ入れておく肥料のこと。僕の場合は植物がこれから生長していくために、ゆっくりと長期間作用する〝緩効性肥料〟の「マグァンプ®K・中粒」を元肥として使っています。

追肥は、元肥や前に与えた肥料の効果が薄れた頃に与えるもの。追肥にはすばやく効く〝液体肥料〟と、ゆっくり溶け出す〝固形肥料〟がありますが、肥料焼けの心配が少ない固形肥料が扱いやすいのでおすすめ。僕は「ボタナイス置くだけ！ カンタン錠剤肥料」と、「錠剤肥料 観葉植物用」を使っています。(発売元／すべてハイポネックスジャパン)

追肥（固形肥料）の役割と与えかた

- 元肥の養分が切れた後、土のなかの養分を補うために与える。
- 基本は土の表面に置くだけ。
- 水やり時に少しずつ養分が溶け出して、土に入っていく。
- 形が残っていても、効き目日数が過ぎたものは取り除く。

元肥の役割と与えかた

- 植えかえの際に、土に入れる（43ページ）。
- 市販の培養土には既に入っているものも。
- 水やりするごとに、排水に養分が溶け出し、いずれ効果がなくなる。

POINT 4

土

ブレンドされた土がおすすめ。僕は植物別に2種類だけ

植物を元気に育てるためには、土が重要です。植物の種類によって最適な土は異なりますが、僕が使っている土は、ポトスやモンステラ、フィカスのような観葉植物用と、アガベやサボテン、コーデックス（塊根植物）のような多肉植物用の2種類だけ。

なぜ違う土を使うかというと、観葉植物と多肉植物では、育つのに必要な水分と養分の量が異なるからです。観葉植物は水はけと通気性、適度に水もちがよくて、保肥性がある「団粒構造」の土がよいとされています。いっぽう、砂や岩場で育つ多肉植物は過湿を嫌うため、すぐに乾く「赤玉土」のような粒状の土で養分は控えめにするのが一般的です。土作りは難しいので少し高くても、いい培養土を使ったほうが手軽で安心です。

よい土は見た目でもわかる！

僕がおすすめする観葉植物用の土は写真左の赤茶色のもの。排水性と保水性のバランスがいい、ふかふかの土です。真ん中上の白っぽい土は排水性がよく、過湿を嫌う植物に向きます。右の黒い土は水もちがよすぎて、ずっと湿ったような状態になり、根腐れの原因に。

多肉植物用　　観葉植物用

自分が育てたい植物のタイプに合わせた培養土を選びましょう。

園芸店などで扱っている高品質な土を使うほうが、結果的に植物が元気に育ちます。

僕はプロトリーフの「観葉植物の土」（発売元／プロトリーフ）、「三本線多肉植物専用土」（発売元／プランティーションイワモト）を使っています。

多肉植物用土の特徴

- 粒が大きく、テラコッタ色をした「赤玉土」などがメイン。
- 排水性に優れている。
- 通気性に優れている。
- タネで増やすときは、この土の表面にバーミキュライト（蛭石〈ひるいし〉を高温処理して膨張させて作ったガーデニング用土）をまく。

観葉植物用土の特徴

- 団粒構造（土の粒子が集まって、団子状になっている土の構造）がある。
- 排水性がよく、通気性にも優れる。
- 適切な保水性がある。
- 保肥性（肥料の養分を土に保つ力）がある。
- 挿し木（48ページ）で増やすときも、この土でOK。

POINT 5　鉢

穴が大きい鉢を選ぶ。穴が小さいなら鉢底石を多めに

僕が鉢を選ぶときのポイントは、「鉢底に穴がしっかりとあいている」かどうかです。サイズは株の大きさに対してが基準です。素材は陶製でも樹脂製でもかまいません。たしかに、陶製の素焼き鉢は通気性がよく、水が乾きやすい、樹脂製の鉢は軽量で扱いやすく、価格が安価という違いはあります。しかし、それ以上に大切なのは穴。水が抜けないと根が呼吸できなくなります。鉢を選ぶときは、まず穴を確認しましょう。

33ページで紹介した正しい手順で水やりをしているのに、なかなか水が切れなかったり受け皿に戻した後、気づいたら水がたまっていたりするときは、鉢底を確認してみてください。鉢の大きさに対して穴が小さいか、土が穴をふさいでいる可能性があるので注意しましょう。

鉢の材質はなんでもOK。陶製か樹脂製が一般的

テラコッタを含む、素焼きの陶製鉢（右）は通気性・透水性に優れ、最適な素材のひとつ。重さがあり、割れることもあるのが難点。樹脂製（左）は比較的安価で軽く、割れにくいが通気性に劣る。それぞれメリット・デメリットがあります。

同じ樹脂製なら、穴がしっかりあいているほうを選んで！

左は鉢の底面には穴がないが、側面にスリット状の穴があいているタイプ。長いスリットが入ってることで、通気性・排水性に優れています。右の鉢は表面に質感があっておしゃれですが、穴が小さいのが悩ましいところ。どうしても右の鉢を使いたいなら、「鉢底石」をいつもより多めに入れて、排水スペースを確保しましょう。

穴のあいていない鉢？ それ、「鉢カバー」です！

いいなと思った鉢の底に、穴があいてない！　それは「鉢カバー」かもしれません。鉢カバーは鉢を覆うためのもので、素材もラタンなどの天然素材から金属製まで、デザインもさまざま。実用性重視で選んだ鉢も好みの鉢カバーで覆えば、おしゃれに飾れます。

POINT6

植えかえ

植えかえってしなきゃダメなの？
↓土を新しくするために必要！

まず植えかえは必ずやりましょう！　土は古くなると固くなり、だんだん粒が割れて粉状（微《み》塵《じん》）になって水はけが悪くなります。水はけが悪い土は根腐れの原因に。また、水やりのたびに、徐々に土も養分も流れて減っていってしまうので、定期的に植えかえて土を新しくしてあげる必要があります。

植物の生長スピードによっても違ってきますが、2年ぐらい植えかえていない場合はやったほうがいいです。適切な時期は植物の生育が盛んになる春。植えかえは根になるべくストレスがかからないように、すばやく丁寧に行うこと。植えかえた後はたっぷり水やりをして根が定着するのをうながし、直射日光が当たらない場所で1週間程度置いて徐々に環境に慣らしていきましょう。

植えかえに必要な道具

植物の種類に合わせて、観葉植物用か多肉植物用の土を準備します。鉢のサイズはそれまで植えられていた鉢よりひとまわり大きいものにします。生育がよすぎてバランスが悪い場合は、もう少し大きめの鉢でも。

①鉢底ネット、②土入れ、③鉢底石、④用土、⑤鉢、⑥元肥（緩効性肥料）、⑦殺虫剤（浸透移行性）

④観葉植物の土（発売元／プロトリーフ）、⑥マグァンプ® K・中粒（発売元／ハイポネックスジャパン）、⑦オルトラン® DX粒剤（発売元／住友化学園芸）

失敗しない植えかえ術

1 鉢の中に鉢底ネットと鉢底石を入れる

鉢底ネットを鉢底穴より大きくカットして入れます。鉢底ネットが隠れるくらいに鉢底石（軽石）を入れて、水が鉢の底にたまらないように排水スペースを作ります。穴が小さいときは多めに。

2 鉢底石が隠れるくらい、培養土を入れる

鉢底石の上に培養土の層をひとつ作るくらいのイメージで、土を少し入れます。鉢底石が隠れる程度でOK。

3 元肥として緩効性の固形肥料を入れる

緩効性の肥料を土の上にまきます。僕が使っているマグァンプ®K・中粒は1年ぐらい効果があるもので、じんわりと養分が溶けるので肥料に当たって根が傷むリスクも少ないと思います。

4 害虫予防に浸透移行性の粒状殺虫剤を土に入れる

僕は害虫の姿を見たくないので、植えかえのとき、土に浸透移行性の粒状殺虫剤（オルトラン®DX粒剤）を入れて予防しています。浸透移行性とは、成分が植物体内を移行することで、加害した害虫を退治することです（116ページ）。

5 肥料・殺虫剤が直接根に触れないようにする

肥料と殺虫剤を入れた後、土を少し入れて根に直接薬剤が触れないようにします。植えかえ直後の根はデリケートなので、刺激にならないように根が伸びて自分から薬剤に触るのを待ちます。

6 片手で株を持ち、鉢から株を取り出す

片手で幹や株の根元を持ち、取り出します。写真のようなポット苗の場合は、逆さまにすれば取り出せます。大きい株の場合は、鉢の周囲を叩いたりゆすったりして根鉢(根と土がひと塊になった部分)をはがします。

7 古い土を落とす。枯れている根は取り除く

根鉢を崩すかは根・土・株の状態、植えかえ時期で決めます。崩したほうが根の活着がうながされるので、植物が弱っていない、植えかえの適期に行う場合は崩します。枯れている根は取り除いて整理。

8 株を持って高さを決め、土を入れる

株を鉢のなかに入れ、手で幹を支えながら株の下に土を入れて株の根元が鉢の口から2～3cmの位置にくるように高さを調節します。位置が決まったら、株のまわりにも土を入れていきます。

9 割りばしを使って、根の間に土を入れる

ある程度まで土を入れたら、割りばしを差し込んで株のまわりや根の間にすき間や空洞がなくなるように、土を入れ込みます。

10 土の表面を軽く押して、土を密着させる

しっかりと根に土がついて株が安定するように手のひらで土の表面を軽く押して平らにならし、密着させます。土の間の余分な空気を抜くイメージです。

11 鉢の口から土の表面までが2～3cmになるようにする

土のかさが減ったら、ウォータースペース（水やり時に一時的に水をためる場所）として鉢の口から土の表面までが2～3cm残る高さまで、土を入れます。もう一度、土の表面をならします。

12 水をたっぷりあげて植えかえが完了！

土を入れ終わったら、最後に水やりをします。基本の水やり（33ページ）と同じように、鉢底からしっかり水が出るまで。新しい土は水がしみ込むのに時間がかかるので、ゆっくり丁寧にあげましょう。

POINT 7

乾燥対策

エアコンの風に直接当てない。葉水をして植物の乾燥を防ごう

植物を枯らしてしまう原因の多くは乾燥です。特に気をつけたいのが、エアコンの風。エアコンの風はとても乾燥していて、植物に直接当たると水分がどんどん奪われてしまいます。根の過湿はよくないので毎日の水やりはNGですが、霧吹きで葉に水をあげる「葉水」は毎日でもOK。エアコンを使うと空気も乾燥するため、こまめに葉水を行って葉の乾燥を防ぎましょう。

雨をイメージするのがポイントです。葉の表面だけでなく裏側や幹、気根《きこん》など、株全体に雨が降ったように葉水をします。水分を補う以外に、虫がつくのを予防する役割もあります。水は細かい霧状がおすすめで、僕は植物用のミストスプレーを使っています。浴室で水やりをする場合は、シャワーで葉水しても大丈夫です。

気根にも葉水を

植物の幹や茎から出た根を「気根」といいます(48ページ)。空気中の水分や空気を吸収し、生長して、土に挿さると株を支えます。乾燥しすぎないよう注意。

サーキュレーターで風を作る

植物は湿度のある風が大好き。普段からサーキュレーターを回して、空気を動かしておくと○。エアコンの風を動かすのにも使えます。

葉水のしかた

1 葉の表面に スプレーで水をかける

葉の表面1枚1枚めがけて、ミストスプレーで水をかけます。水の粒が細かいほうが水アカになりにくいし、水が垂れて床がびしょびしょになるのも避けられます。

2 葉を裏返し、スプレーで水をかける

葉の呼吸（蒸散）は裏側で行われるので、乾燥すると気孔がうまく開閉できなくなります。だから、裏側にもしっかり葉水をかけてあげて。虫がついていないか、葉に異常がないかも確認します。

3 水滴が残るくらい しっかりかける

さっと一瞬、水がかかるくらいでは全然足りません。葉の表面に水滴がついているのがわかるくらい、しっかりかけてあげましょう。葉の裏側にも同じくらいしっかりと。

4 幹や枝、茎、気根にも スプレーで水をかける

幹や枝、茎、新芽や気根にも水をかけます。屋内では雨が降らないので、代わりに葉水で全体に水分を届けるイメージです。植物めがけて雨が降ってきたように、しっかりあげましょう。

いまさら聞けない植物の基本用語

園芸店や植物仲間との会話で、当然のように出てくる謎の言葉…。実はなんだかわからない植物用語をこっそりおさらいしましょう！

葉水《はみず》

霧吹きを使って、植物の葉などに水やりすること。葉水をすることで、葉の乾燥を防いで光合成を促進させたり、表面のほこりや虫を洗い流すことができます。何より葉に潤いを与えることで、葉を大きく育てられます。

実生《みしょう》

タネをまいて育てること。また、タネから育てられた植物のこと。親とは異なる遺伝子を持つため、同じ模様や姿になるとは限らない。そのため、実生で増やす場合は一度にたくさんまいて、よい株を残して育てるのが一般的です。

気根《きこん》

さまざまな品種の植物に見られる、株の地上部から生えてくる根のこと。呼吸根とも呼ばれ、空気中の水分や酸素を取り入れる働きがあります。気根が生長して伸びていくと地面に自ら潜っていき、株を支える役割もあります。

斑入《ふい》り

葉に通常とは異なる色が現れること。突然変異やウイルスによって葉緑素が欠乏することで、葉の一部の色が抜けて斑になります。遺伝的な斑入りもありますが、基本的には挿し木・株分けでしか増やせないため、珍しい植物は高価に。

挿《さ》し木《き》

植物を剪定した枝や幹から増やすこと。また挿し木で増やした株のこと。親とまったく同じ遺伝子をもつため、生長後の様子や性質が把握できるのがメリットです。剪定した枝を使ってできるので、気軽に挑戦できる。

徒長《とちょう》

茎や枝が必要以上に伸びてしまうこと。ひょろひょろと細く伸びたり、節と節の間が必要以上に長くなって形が崩れたりします。日照不足やチッソ、過剰な水やりなどが原因です。明るい場所で育てることを意識しましょう。

第3章

観葉植物男子の休日

ショップで見るべきポイント、いい植物の選びかたを教えます

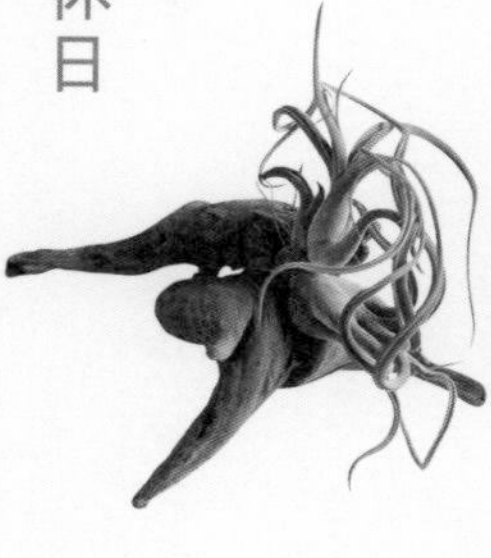

園芸ショップ巡りは植物好き男の休日の定番。
新しい植物を発見したり、ディスプレイのしかたを参考にしたり、行くたびにいつもわくわくしています。
ここでは僕が植物を買うときに、どんなところを見て、いい植物を見分けているのかをお話しします。

休日は植物ショップへ。初心者なら専門店・大型店がおすすめ

今日僕がやって来たのは、都内最大級の園芸店。行きつけのショップのひとつです。東京は本当にショップが充実しているから、休日のたびにどこに行こうか迷ってしまいます。仕事終わりなどにも時間があればついつい行ってしまうから、実は園芸店には週1、2回は足を運んでいるかもしれません。

園芸店では新しい植物や鉢、季節の企画などがないかを見たり、店内のスペースにどのように植物を置いてあるのかを見ています。たとえばインテリアとして人気のビカクシダは、板付けにした状態がよく知られていて、左の写真のように鉢で育ててそのままハンギングできることに驚く人もいます。植物の育て方は、ひとつだけじゃないということがよくわかります。

植物は園芸店だけではなく、身近なホームセンターやインテリアショップでも扱っています。

ですが、はじめて植物を迎えたいという初心者には植物専門店や園芸店、特に大型店がおすすめです。専門的な知識をもつ店員さんが多くいるからです。どんな植物を選んだらいいか、どうやって育てたらいいか、注意すべきことは何かなど、質問にどんどん答えてくれるから心強い。また、同じ植物でも複数の株、さまざまな大きさの株がそろうのも大型店のよいところです。

生長後の植物がどうなるのかもお店で確認

植物には大きくなると、小さな株とは違った見た目になるものもあります。この植物は大きくなるとどうなるのかな？　と、小さな株と生長後の大きな株の姿を見比べておくこともできる。その植物がどれくらいの期間で、どれくらいの大きさになるかは結構重要です。

撮影協力／プロトリーフ　ガーデンアイランド玉川店

先にその植物がどう育っていくのかを知っておけば、想像以上に早く生長して、大きくなりすぎて困った…なんていうことも防げます。

一般的に、植物は大きい株のほうが体力があって枯れにくい。絶対枯らしたくない！と思っているなら、はじめて迎える植物は、ミニ観葉と呼ばれる（黒いポリポット鉢に入っている小さくて手軽な値段の）ものよりも、テーブルの上に置くにはちょっと大きいかな？と思うくらいの大きさ（中サイズ）まで育っているものを選んだほうが安心です。

ミニ観葉はかわいくて、つい買いたくなる気持ちはわかりますが、まずは中くらいの大きさの植物で世話に慣れて、もう少し種類を増やしたくなったらミニ観葉を購入、でいいんじゃないかな、と僕は思います。

何よりショップに行くと、新しい植物やひと目惚れしてしまう植物との出合いがあります。僕のおすすめはさておき、あなたが出合ったのがミニ観葉だったら、思い切って迎えるのもそれはそれですてきなことです。

撮影日にひと目惚れした斑入りのモンステラ。たくさんの株のなかから、斑の入り方や姿かたち、株の状態が好みで、コレ！と思ったものを連れて帰りました。

ミニ観葉の植物棚。小さくても大きく育った将来の木の姿が感じられてかわいい。根元から曲木(82ページ)をして好みの樹形にしたい場合は、ミニ観葉じゃないと難しい。

店内にあった、2m以上ありそうな巨大なエバーフレッシュからサヤが！マメ科の植物なので、大きくなると花を咲かせて実（マメ）を作ることもあります。僕の家のエバフレはまだまだです。

多肉植物のハオルチアの一種で、葉の先端に透明な「窓」をもつオブツーサの斑入り品種を発見。窓の根元部分は通常緑色になるけど、これは葉緑素が欠けて白っぽい黄色になっている。レア！

植物の将来の姿は、買ったときの「樹形」で9割決まる！

ここからはすごく重要な話ですが、僕は植物を買うとき、「これからどんな形に育ってほしいか」で選んでいます。その植物の将来の姿なんてわからないと思うかもしれませんが、購入する時点で9割は決まっています。

ぐんぐん上に伸びてほしいと思っているなら、Y字形と呼ばれる「主幹」が切られている株を買うのはおすすめしません。主幹は株の根元から生えている一番太い部分。これが、ぱつんと切られているものは、それ以上高さは出ず横から出てくる枝の部分が伸びます。だから、あまり高く伸びないでほしいならY字形が正解。

反対にどんどん伸びてほしい場合は、I字形と呼ばれる主幹が切られていないまっすぐな樹形の株を選びます。もし、ある程度伸びてほしいけど、それ以上高くならないでほしい、という場合は大きくなった後、自分で主幹を好みの高さで剪定すればＯＫです。

動きのある樹形に魅力を感じる場合は、S字形がおすすめ。初心者でも育てやすい大きさになった、好みの曲げ具合の樹形の株を探せます。曲木は、若木や若い枝なら自分で曲げることもできる（82ページ）ので、買うときはI字形かY字形かに注目してみましょう。

エバーフレッシュのポリポット苗。僕なら新芽がたくさん出ていて、葉の色が鮮やかな左側を選びます。購入時には樹形以外に、元気な株を選ぶことも大切です。

I かYか、それが問題だ

主幹がまっすぐ伸びているのがI字形。主幹が切られて枝がY字に伸びているのがY字形。I字形を曲木したものがS字形。基本の樹形が将来の姿を決めるから買うときが重要！

幹がまだ緑色をしているときに、木を麻ひもで結んで曲げて形作る。幹が茶色くなったらひもを外せるが、跡はずっと残る。

幹がやや曲がっているけれど、これもI字形。観葉植物として人気があるフィカス（ゴムの木）は、樹形もサイズもさまざまにあるので、これは！と思うものが見つけやすい。基本の樹形のほかに、初心者にもおすすめのパキラなどには幹を三つ編みや縄状にねじっているものなどもあります。

植物を買ったとき、僕が必ずしていること

植物を購入したら、絶対にやったほうがいいことがあります。一番大切なのは、植物について調べること。原産地がどこなのか、生育期は夏か冬か、植物を理解すれば管理方法がわかってきます。たとえば、乾燥ぎみの環境を好む植物に、水やりをしすぎたら弱ってしまいます。その植物が好む環境を知っておきましょう。

つぎに株の様子をチェックします。葉を見て、枯れている葉や虫がついている葉がないか。枯れていたら、根詰まりしている可能性大。このとき一緒に、土の状態を見て、土が古くなっていないか、どういう土に植えられていたか、根がどうなっているかを確認します。

植物は買ったときは農園ごとの環境に合わせた土に植えられているから、室内で育てやすい土とは構成が違います。だから僕は、基本的に購入したら新しい土・鉢に植えかえます。

植えかえの後は、たっぷりと葉水(47ページ)をして葉についているホコリや虫を洗い流します。43ページに詳しく手順を紹介しているように、僕は植えかえるときに新しい土に殺虫剤を入れているので、ただ植えかえるより、防虫効果があります。

それから、しばらくはほかの植物と離しておきます。新しく買った植物にハダニやカイガラムシがついていて、家の中の植物にも広がってしまった、なんて経験はありませんか？　植えかえと葉水をすることで病気や害虫の対策になりますが、しばらく時間が経たないとわからないこともあります。そのため、はじめはほかの植物と離して置いて様子を見ましょう。

ショップでは元気だった植物が、家に置いてすぐ葉が落ちたり変色したりすることもありますが、環境の変化による一時的なもの。徐々に回復していきます。

植物購入後にすべき3つのアクション

新しい植物を買ったら、株の状態をチェックしましょう。病害虫を他の植物にうつさないためにも、葉の裏側までしっかり見て。

1 葉に異常がないか確認

葉の表裏をじっくり見て、枯れている葉や虫がついている葉がないか確認します。異常があれば、葉を剪定ばさみで取り除きます。

2 土の状態を見よう

①どんな土に植えられているか確認。写真のように今回の土は古くなって、量も減っていて根が表面に出ています。
②古い土は落としたほうが病気のリスクも下がります（冬や元気がないときは、根の負担を減らすために崩さないほうがいい）。

3 植えかえたら水やりと葉水をしよう

新しい鉢・土に植えかえた後、水やりと葉水をします。ほかの植物と離して、直射日光が当たらない場所に1週間ほど置いて慣らします。

実際に育てたからわかる!

買ってよかった、おすすめ観葉植物20選

僕が実際に育ててみた観葉植物・多肉植物のなかで、「初心者向け」「ズボラ向け」「耐陰性あり」「映え」の4つのカテゴリー別に、おすすめの植物ベスト5を選んでみました。

多少暗くても育つ5選

耐陰性あり

[選考理由]

多少暗い部屋に置いても育つ、置き場所を選ばない植物です。1、5位の植物は日なたを好みますが生育がよいので、部屋の奥まった場所に置いても枯れません。もちろんこのカテゴリーの植物は、明るい場所に置いても問題なし!

初心者向けの5選

初心者向け

[選考理由]

育てかたや管理が簡単で、生命力も強い植物です。育てている人が多く、情報が集めやすいのも○。1～3位は水やりが少なくても大丈夫。4、5位は水が好きなので、水やり間隔がわからずに、水をあげすぎてしまっても枯れにくい。

置くだけでおしゃれな5選

映え

[選考理由]

葉の色や形に特徴があり、インテリアとしてもおすすめしたい植物。1、5位のように葉に斑が入っているものは、葉水を多めに行うなど管理にやや注意が必要です。2、3位は葉の形がかっこいい。4位は葉の開閉が楽しい植物です。

ズボラでOKな5選

ズボラ向け

[選考理由]

乾燥に強い植物。うっかり水やりを忘れたり、多少水やりしなかったりしても問題なく、留守がちな人にもおすすめです。インテリアとの相性もあるから、多肉植物のほか、雰囲気が異なる観葉植物をセレクトしました。

「育てかた」データの見かた

日当たり

日なた:日差しが8時間以上当たる場所

半日陰:レースのカーテン越しの光が当たる場所

日陰:日中でも薄暗い場所

水やり

週1回:基本の与えかた。表土が乾いたら与える

3日に1回:夏場など土が乾きやすく、植物が水を求めている時期は回数を増やす

断水:多肉植物やサンセベリアなどの休眠期は、半月に1回など極端に水を控える

最低温度

～℃以上:植物の生育に必要な最低温度。それを下回ると生長がにぶったり、枯れたりすることも

害虫

つきやすい害虫など。ハダニ、アブラムシ、カイガラムシ、トビムシなど

初心者向け

1位

チランジア・キセログラフィカ

科名：パイナップル科
原産地：中南米

［育てかた］
日当たり：半日陰
水やり：霧吹きで行う（ソーキング：月1回）
最低温度：0℃以上
害虫：カイガラムシ、ハダニ

霧吹きがあれば育てられる！ 土がイヤ、虫がイヤならこれ一択

観葉植物のなかで特に育てやすいのが、このチランジア。根がほとんど出ず、鉢に植えなくても育つため「エアプランツ」と呼ばれます。僕の家でも写真のように置いているので、オブジェと思われることもしばしば…。

本当に世話が簡単で、週2～3回霧吹きで水分を与えた後、風に当てるだけで元気に育ちます。何より土も必要ないので汚れない、いろいろな道具をそろえなくていい、虫もわきづらい、と育てるハードルが低い植物です。

初心者向け

2位

フィカス・ベンガレンシス

科名：クワ科
原産地：インド、東南アジア

［育てかた］
日当たり：半日陰
水やり：週1回
最低温度：5℃以上
害虫：ハダニ、カイガラムシ

おしゃれ感と育てやすさのバランスがちょうどいい！

樹形もさまざまあり、葉っぱの形がかわいいベンガレンシスは、ゴムの木の仲間（フィカス）。丈夫で病気も少なく、とても育てやすい植物です。生長スピードも早めで、明るい室内でよく育ちます。

とても乾燥に強く、水やりのサインは土の表面が乾いてから2日後。または、葉が少し下を向いてきたら、控えめな水やりでもうまく育ちます！　暑さには比較的強いいっぽう寒さには弱く、冬の管理には注意しましょう。

初心者向け

3位

フィカス・ウンベラータ

科名：クワ科
原産地：熱帯アフリカ

［育てかた］
日当たり：半日陰
水やり：週1回
最低温度：12℃以上
害虫：ハダニ、カイガラムシ

1シーズンで30㎝大きくなる!?
家のシンボルツリーにぴったり

とても大きくて薄い葉っぱが特徴のウンベラータ。葉が乾燥しやすく、毎日の葉水が必須！　土の表面が乾いたら、早めに水やりすることで大きく生長させることができます。水が不足してくると葉が垂れてくるので、その前にあげるのがベストです。僕の家では明るい場所に置いて水をたっぷりあげたら、大きな葉がどんどん開き、夏場にぐんぐん伸びて30㎝以上大きくなりました。シンボルツリーとして抜群の存在感があります。

初心者向け

4位

ポトス

科名：サトイモ科
原産地：ソロモン諸島

［育てかた］
日当たり：半日陰・日陰
水やり：週1回
最低温度：5℃以上
害虫：ハダニ、カイガラムシ、アブラムシ

水をあげすぎてしまいがちな人に。初心者に扱いやすい斑入り品種

ポトスは自生地では10mを超し、葉も60cmくらいまで大きくなります。とても丈夫で比較的水を好む植物だから、水やりの間隔がわからずに、水をあげすぎてしまいがちな初心者でも枯れる心配が少ない植物です。

ポトスは斑入り（48ページ）の性質が固定されていて、比較的安定して葉の斑が保たれます。暗い場所に置かず、肥料を適度に与え、しっかりと葉水を与えることで、よりきれいに葉の斑を保てます。

初心者向け

5位

モンステラ

科名：サトイモ科
原産地：中央アメリカ

［育てかた］
日当たり：半日陰・日陰
水やり：週1回
最低温度：3℃以上
害虫：ハダニ、カイガラムシ

切れ込みの入った大きな葉と育てやすさで根強い人気がある

深い切れ込みが入る、ユニークな葉で知られる観葉植物。ポトスと同じ「アロイド系」と呼ばれるサトイモ科の植物です。写真のように幹から出す気根（48ページ）が生長すると、土に刺さって大きくなった株の支えになります。高温多湿の薄暗いジャングルに自生しているため、水は土の表面が乾く前にあげても大丈夫。葉を大きくするなら葉水も多めに。葉がちぎれるときは肥料不足か根詰まり、水をあげても大きくならないときは根詰まりを疑って。

ズボラ向け

1位

アガベ

科名：キジカクシ（リュウゼツラン）科
原産地：カナダ南部、アメリカ、中南米

［育てかた］
日当たり：日なた
水やり：週1回（夏は土が乾いたら翌朝に）
最低温度：0℃以上
害虫：ハダニ、カイガラムシ、アザミウマ

見た目がかなりイカつい多肉植物のひとつ！

葉の先端に鋭いトゲがあるイカつい見た目の、夏型の多肉植物です。いろいろな形や色の品種が存在し、男性を中心に人気急上昇中。暖かい乾燥地帯に自生している植物で、強い光と高温を好みます。水やりは季節に合わせてメリハリを。生育が止まる冬の水やりは極端に少なくします。しっかり光に当てると生長も早まり、管理のしかたで表情が変わるのもポイント。手をかけただけ素晴らしい植物になるから、アガベ沼はハマります。

ズボラ向け

2位

サボテン

科名：サボテン科
原産地：中南米

［育てかた］
日当たり：日なた　※種類によっては半日陰
水やり：週1回
最低温度：0℃以上
害虫：カイガラムシ、アブラムシ

姿かたちがそれぞれ全然違う！ きっと好みの品種が見つかる

サボテンも夏型の多肉植物で、特徴は毛があること。刺座《しざ》(アレオーレ)と呼ばれ、トゲが生えている部分です。写真のような球状や棒状のもののほか、平たいうちわ状のものなど見た目がおしゃれな品種もたくさん。

おもに砂漠に自生するため、乾燥にも暑さ寒さにも強い！　株に水が当たると傷む原因になるため、土だけを濡らすようにします。肥料は生育期の夏に与えるくらい。植えかえも2〜3年に1回と、手間いらずです。

ズボラ向け

3位

オリーブ

科名：モクセイ科
原産地：地中海沿岸

［育てかた］
日当たり：日なた
水やり：週1回
最低温度：マイナス5℃以上
害虫：ゾウムシ、ハマキムシ

実をつけるには挿し木で4～6年。実がついている株を選ぶと◯

日当たりがよく、あまり雨が降らない地中海沿岸原産の植物。挿し木からでは結実に時間がかかり、別の品種のオリーブを2種類以上用意する、冬の寒さ（10度以下）に当てる、といったことが必要です。すぐ楽しみたい人は、実がついている株がおすすめ。

自分の背を超えるくらい、どんどん伸びるので、扱えなくなる前に一番高い位置の成長点（85ページ）を剪定して切り落とせば、それ以上高くなりません。

ズボラ向け

4位

ユッカ

科名：キジカクシ（リュウゼツラン）科
原産地：北～南アメリカ

［育てかた］
日当たり：日なた～日陰
水やり：10日に1回
最低温度：マイナス3℃以上
害虫：カイガラムシ

「青年の木」の名で知られる、寒さ・乾燥に強い丈夫な植物

ユッカは幹から円柱形の多肉質の茎が伸び、その先から細長い葉がたくさん生えているのが特徴です。寒さにも強く、丈夫で置き場所は室内屋外を問いません。乾燥にもとても強く、ほとんど水を与えなくても育ちます。

基本的には日の当たる場所に置き、春～夏の生育期は土の表面が乾いたら水やり。ただし水を与えすぎると幹が腐ったり、肥料が多いと生育が早まって株が乱れたりするから注意。品種によっては地植えも楽しめます。

ズボラ向け

5位

ガジュマル（フィカス・ミクロカルパ）

科名：クワ科
原産地：亜熱帯・熱帯

［育てかた］
日当たり：半日陰
水やり：週1回
最低温度：5℃以上
害虫：ハダニ、カイガラムシ

幹のように見える太い部分は実は根っこ！

ミニ観葉として流通しているものは、露出させた太い根に、「ニンジンガジュマル」の木を接ぎ木をしているものが多いです。ガジュマルもゴムの木（フィカス）の1種で、生長すると幹から伸びた気根が絡みついて独特な樹形になります。

生長が早いので、剪定をしながらコンパクトに保つのがおすすめ。剪定するのは枝！太い部分（根っこ）を傷つけないようにして、剪定ばさみでカットするだけでＯＫです。

耐陰性あり

1位

サンセベリア

科名：キジカクシ(リュウゼツラン)科
原産地：熱帯アフリカ、メキシコ

［育てかた］
日当たり：半日陰・日陰
水やり：10日に1回
最低温度：15℃以上
害虫：カイガラムシ

最後にいつ水やりしたっけ？ 乾燥にも暑さにも強いタフなヤツ

独特の模様が入る多肉質な葉を持つ植物で、多肉植物としても扱われます。乾燥と暑さに強く、多湿は苦手。なので水やりが少し特殊です。生育期は土が乾きはじめたらたっぷり与え、10月頃から徐々に水やりを控える。冬(12℃以下)になったら断水して休眠状態に。

地下茎が横に伸び、そこから子株が直立して育つため、真んなかが空いて鉢の縁に偏りがち。鉢が割れるくらい根が張ります。株が乱れてきたら、株分けで仕立て直しましょう。

耐陰性あり

2位

フィロデンドロン・セローム

科名：サトイモ科
原産地：中央～南アメリカ

［育てかた］
日当たり：半日陰・日陰
水やり：週1回
最低温度：5℃以上
害虫：ハダニ、カイガラムシ

園芸店にあった僕より背が高いセロームの幹。葉がついていた跡が、独特の斑紋を作ります。ほれぼれする株姿です。

ダイナミックな株姿。暗い部屋でもすくすく育つ

ゴツゴツとした亀の甲羅のような、幹の斑《はん》紋《もん》は下葉が落ちた跡。最近は株元が立ち上がったもの、気根で宙に浮いた「根上がり」などダイナミックな株姿のものが人気です。

湿潤な森の日陰に自生している植物で、多湿を好みます。もともと日なたが好きじゃないから、暗い部屋でもすくすく生長します。寒さにも強い！　乾燥しすぎると葉が黄色くなるので、春～秋は水やりと葉水を多めに。冬も葉水は欠かさずにやりましょう。

耐陰性あり

3位

アジアンタム

科名：イノモトソウ科
原産地：熱帯アメリカ

［育てかた］
日当たり：半日陰・日陰
水やり：週1回
最低温度：10℃以上
害虫：カイガラムシ、ナメクジ

葉は繊細で傷みやすい。だけど切り戻せば復活する！

霧が立ちこめるような森の木陰に自生しているシダ植物。細い茎に薄い葉がたくさんついています。繊細な見かけのとおり葉は環境の変化に敏感で枯れやすい。乾燥するとチリチリに枯れたり、寿命が来ると黒く枯れたり、植えかえが遅れても枯れてきます。枯れた葉は、思い切って株の根元から切り戻し（133ページ）ます。株元で全部切り戻しても、植えかえてビニール袋をかぶせ、まめに葉水をして湿潤を保つと、約2週間で復活します。

耐陰性あり

4位

シェフレラ

科名：ウコギ科
原産地：台湾、中国南部

［育てかた］
日当たり：半日陰・日陰
水やり：週1回
最低温度：3℃以上
害虫：ハダニ、カイガラムシ、アブラムシ

観葉植物のなかで一番丈夫！屋外でも暗くても大きくなる

とにかく丈夫で、観葉植物のなかで一番かも。日なたでも日陰でも大きく育ち、ミニ観葉から大型、ハイドロカルチャー（水耕栽培）でも元気に育ちます。生長が早く、自生地では3〜9mもの大きさに！　大きくなりすぎる前に3分の1くらいまで切り戻して、扱いやすいサイズにしましょう。水をやりすぎると徒長しやすくなるので、乾燥ぎみに育てたほうが、株が締まってカッコよくなります。初心者にも育てやすい植物です。

耐陰性あり

5位

ストレリチア

科名：ゴクラクチョウカ科
原産地：南アフリカ

［育てかた］
日当たり：半日陰（日陰でも枯れない）
水やり：週1回
最低温度：0℃以上
害虫：カイガラムシ、アブラムシ

エキゾチックな葉がかっこいい！花は切り花でも出回っています

極楽鳥という鳥の形に似た、鮮やかな花を咲かせる「レギネ」という品種で知られ、切り花としても流通しています。

丈夫で管理しやすく、日光を好みますが多少日当たりが悪くてもへっちゃら。根が多肉質で乾燥にも強く、水を与えすぎると根が張って鉢を割ったり、根詰まりを起こすことも。常に土を湿らせないように管理します。鉢がいっぱいになってきたら1～2年を目安に、株分けや植えかえですっきりさせましょう。

映え

1位

フィカス・ティネケ

科名：クワ科
原産地：熱帯アフリカ、東南アジア

［育てかた］
日当たり：半日陰
水やり：週1回
最低温度：10℃以上
害虫：ハダニ、カイガラムシ

斑入りの植物ならこれがイチ推し。部屋の差し色におすすめ

黄色、緑、ピンクとカラフルな葉色がきれいで、部屋に置くだけでおしゃれ！　ゴムの木(フィカス)は、比較的乾燥や環境の変化にも強いため、初心者にも育てやすい植物。斑入りの植物のなかでは、圧倒的におすすめ。新しい葉がどんな模様に変化していくのか、生長した姿が楽しみです。

斑入りを保ち、がっしりさせるにはレースカーテン越しの日陰で光によく当てましょう。葉は数年で寿命がきて、自然と落ちます。

映え

2位

ビカクシダ

科名：ウラボシ科
原産地：オセアニア、東南アジア

［育てかた］
日当たり：半日陰
水やり：週1回（夏は3日に1回）
最低温度：10℃以上
害虫：カイガラムシ

キッチャクード

ビーチー

おしゃれ空間には欠かせない！飾るだけであか抜けた雰囲気に

スタイリッシュで個性的な雰囲気の部屋にしたいなら、この植物をおいてほかになかなかインテリアグリーンの候補はありません。

見た目から、難易度が高く思われがちですが、品種を選べば育てかたも難しくありません。おすすめは「ビーチー」。自分で板付けすると、よりかわいく思えてきます。貯水葉（株元を覆っている葉）は自然と茶色く枯れていきますが、水を貯えるのに必要なので、取り除いちゃダメ。枯れた姿も愛しましょう。

映え

3位

ネフロレピス

科名：ツルシダ科
原産地：熱帯〜亜熱帯

［育てかた］
日当たり：半日陰・日陰
水やり：週1回
最低温度：5℃以上
害虫：ハダニ、カイガラムシ、アブラムシ

ふんわりとしだれる葉を活かしたハンギングでも映える

ゆるやかに波打つ、小さな羽状の葉がふんわりと広がるシダ植物です。地下茎の先に球状の塊茎をもつため、「タマシダ」という別名があります。夏は毎日水やりしてもいいくらい水が好き。鉢の表面が乾く前に水やりを。冬は水切れしないように、やや控えめに与えます。生育旺盛なので植えかえ頻度は高め。

大きくしたくない場合は、元気な葉を残して株元まで切り戻し、新芽が伸びてきたら残しておいた葉も切り取って仕立て直します。

映え

4位

エバーフレッシュ

科名：マメ科
原産地：熱帯アジア、中南米

［育てかた］
日当たり：半日陰
水やり：週1回
最低温度：10℃以上
害虫：ハダニ、カイガラムシ

植物が生きていることを実感する「動く」植物

毎日朝に葉を開いて、暗くなると葉を閉じるのがかわいい植物です。生育温度が20℃前後と、明るい暖かい場所、水が大好き。比較的葉が落ちやすく、日光・水不足、根詰まり、環境の変化でもポロポロと葉が落ちてしまいます。水やりと葉水をこまめに行えば、暖かくなった頃に茶色い新芽が出てくるから安心してください。生長が早くどんどん大きくなるため、葉がこみ合ってきたら剪定をして、風通しをよくしましょう。

映え

5位

フィロデンドロン・バーキン

科名：サトイモ科
原産地：中央〜南アメリカ

［育てかた］
日当たり：半日陰
水やり：週1回
最低温度：10℃以上
害虫：ハダニ、カイガラムシ

やっぱり斑入りは映える！生長が遅めで手もかからない

たくさんの種類が出回るフィロデンドロンのなかでも比較的新しい品種。葉の濃いグリーンに、白くくっきりした葉脈と線状に入った斑の、美しいコントラストにうっとり。いつまでも眺めていたくなります。斑を保つためにも風通しのよい、明るい日陰で管理します。湿潤を好むので、春〜秋は土の表面が乾いたらたっぷり水を与え、葉水もこまめに。

生長が遅めな品種で姿を乱さず、コンパクトなサイズのインテリアとして楽しめます。

第4章

剪定、板付け、もっと自分好みに！

植物を120％楽しむ応用編

選びかた、育てかたの基本がわかったら、もっと植物を楽しみたい。生長して自然と変わっていく姿もいいけれど、少し手を加えるだけで、植物はきれいな姿に、自分好みの形に変えられる。剪定や曲木、人気のビカクシダの板付けのしかたまで紹介します。

きれいに保つ 1

葉が黄色くなった、葉の一部が枯れたときの対処法

枯れた植物は元に戻るの？ とよく聞かれます。残念ながら、一度葉や茎が折れたり、色が変わったり、枯れてしまったりした部分は元に戻りません。だから色が変わったり、枯れたりしたところは、熱湯消毒した清潔な剪定ばさみで早めに切り取るのが基本の対処法になります。

また葉を切り取るだけでは根本的な解決にはなりません。葉の色が変わる原因ひとつとっても、強い光に当たった、乾燥、虫（ハダニ）、根腐れ、代謝、植物の性質など複数の原因が考えられます。なぜそうなってしまったのか、根本的な原因を考えて、対処法を考えましょう。

こちらは「木質化」

一見、枯れているかのようなこちらは「木質化」。多肉植物の表面が茶色く、木のようにかたくなることをいいます。木の枝が緑から茶色になっていくように、多肉植物も育つと株の根元部分が木質化していくことがあります。自然現象なので問題ありません。同じ茶色でもぶよぶよしていたりする場合は木質化ではなく、株がダメージを受けています。

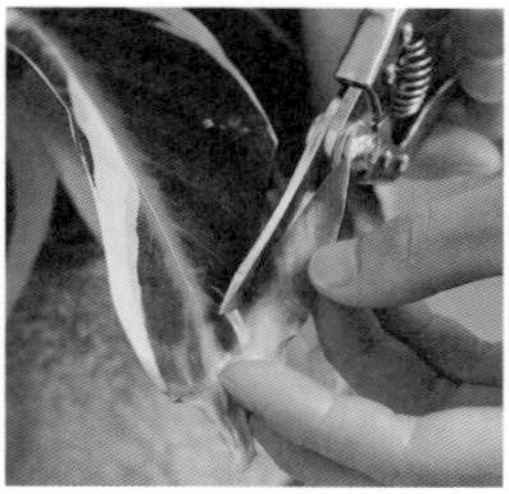

葉の一部が枯れたとき

水切れが原因で葉先が枯れた斑入りの植物。枯れた葉を根元から切り取ると、光合成のために必要な葉緑素(緑色の部分)が不足するので、葉先だけカットします。

葉が黄色くなったとき

株自体は元気がよさそうだけど、株元の葉が黄色に。ハダニか乾燥が原因だと考えられます。ほかの葉は元気なため、この部分は根元から取り除きます。鉢が株に対して小さめだから、同時に植えかえてしまってもOKです。

きれいに保つ 2

「曲木」をして自分好みの形に整えよう！

ショップで見ていると、幹がうねったり、螺旋状になっていたりするおしゃれな樹形のものがありますよね。アレ、自分でできるんです！　はじめての曲木におすすめなのは、若いゴムの木（フィカス）。まだ主幹が細くてやわらかく、根元から曲げることができます。曲げるのは今年伸びた、緑の部分です。それ以前に伸びた部分はかたくなってしまうので、簡単には曲げられません。最悪の場合、折れてしまいます。

若木を使えば気軽に幹を曲げることができます。適期は新芽が出てくる春5月頃。曲木の形が固定されるには、木がかたくなるまでの期間と同じく約1年かかります。すぐに外さないで、しっかり待ちましょう。

用意するもの

自分が曲げたい木と、やわらかくて曲げやすいワイヤーを太さ違いで2種類用意します。ワイヤーは100円ショップのものを僕は使っています。今回は「フィカス・リラータ」の若木、アルミ自在ワイヤー（2mm太さ）、細いワイヤー（ここでは0.28mm太さ）、平ペンチ（もしくはニッパー）。

曲木のしかた

ここでは、幹をS字形に曲げる方法を紹介します。太いほうのワイヤーを幹に沿わせて曲げることで、形を作ります。

1 ワイヤーを主幹に沿わせて固定する

太いワイヤーを主幹と同じ長さにカット。主幹のすぐ横に太いワイヤーを立てて、細いワイヤーで株元側からぐるぐる巻きつけ、主幹と太いワイヤーを固定します。

2 根元を押さえ、太いワイヤーを曲げる

曲げはじめる場所を決めたら、根元が動かないように指で押さえ、太いワイヤーを曲げます。好みの角度、曲がり具合になるようにした後、理想的なＳ字形をイメージして上側をもう１か所曲げます。

3 幹がかたくなるまで、ワイヤーはつけたままにする

好みの形になっていたらＯＫ。植物にストレスがかかるので、やり直しは多くても2回までに。幹がかたくなってＳ字形になるまで（約1年）、ワイヤーは取らずにそのままつけておきます。幹が太くなってきたら、細いワイヤーをゆるめてくい込まないようにします。

きれいに保つ 3

剪定して樹形を整えよう

観葉植物は生長すると枝や葉が多くなりすぎて、全体のバランスが悪くなってしまいます。剪定してすっきりきれいに保ちましょう。

剪定に適切な時期は春〜秋。特に、植物の生育が盛んになるゴールデンウイーク頃はベストシーズンです。はじめて剪定するなら、この時期がおすすめ。剪定後1か月もすると、新しい枝や葉が出てきて感動ものです。それ以外の時期でも、伸びすぎた枝や葉を切るぐらいなら大丈夫。反対に、枝や葉をもっと増やしたいときに剪定を行えば、わき芽の生育がうながされ、ボリュームのある姿に仕立てることができます。

after

before

剪定する前に、理想の樹形をイメージしておく

今回剪定したのは「フィカス・ウンベラータ」。ウンベラータの葉は1枚1枚が大きく、混み合いやすい。ウンベラータは、上のほうに葉がまとまって、すっきりした樹形がおしゃれだと僕は思うから、それを目指して剪定します。

剪定のしかた

1 枝が伸びていく方向は葉の生えている方向と同じ

この枝から生えてくるわき芽は、赤い矢印の位置で切ると外側に、白い矢印の位置で切ると内側に向かって伸びます。枝は剪定後、一番上にある葉のつけ根部分（成長点）から新芽が出てきます。

これが成長点

成長点は植物の茎や根の先端にあり、細胞分裂をして新しい茎や根を作り出す部分です。剪定後、新しい枝を伸ばしたいならこの成長点の位置や向きが大切。

2 熱湯消毒した清潔な剪定ばさみで切る

イメージが固まったら、枯れた枝や葉が込み合っている部分、徒長（48ページ）している部分を中心に、清潔な剪定ばさみで枝を切って樹形を整えます。切るときには思いきりが大切。

着生植物を楽しむ 1

チランジアやビカクシダの世話のしかた

チランジア（エアプランツ）やビカクシダなどの「着生植物」は、育てるのに土が必要ないという点で観葉植物や多肉植物の世話とは少し違いがあります。

正直、着生植物はほとんど手がかかりません！　水やりは霧吹きやシャワーで株全体をしっかり濡らす、水を切って、蒸れに注意して風によく当てて乾かす、この繰り返しです。株を持ったときに軽く感じたら、普段の霧吹きだけでは水分が足りていないのかも。そういうときは月に1回程度、バケツのなかに水をためてエアプランツを丸ごと30分～1時間つけ込む「ソーキング」で、株のなかの水分を補いましょう。春～秋に肥料を与えるとよく育ちます。

葉先が枯れたらカットしてきれいに

エアプランツは比較的枯れやすいけど、株元がきれいなら復活することも。枯れた葉はこまめにカットすれば大丈夫。

1　チランジア・イオナンタの葉先。水分が足りなかったり、ぶつかって折れたりしたところが枯れている。

2　剪定ばさみで、枯れた葉先だけをカットする。もっと枯れても皮をむくように外してケアすれば復活。根元をきれいに保つことが大切。

チランジアの水やりのしかた

バケツにドボン！ これがソーキング

容器の中に水をため、チランジアを株ごと入れて30分～1時間つけ込むことを「ソーキング」といいます。その後取り出し、株元が蒸れないように逆さにして水を切って、サーキュレーターの風に当ててよく乾かします。板付けしたもの（88ページ～）も、そのまま入れてOK。

基本は霧吹きや シャワーで水やり

エアプランツやビカクシダの水やりは、霧吹きや浴室のシャワーで、しっかりと濡らしてあげれば基本的には週2～3回でOK。株元が濡れたままだと株が傷むので、風に当てて数時間後には乾いているのがベストです。

チランジアを大きくしたいなら板付けしよう

初心者におすすめできるナンバーワン植物は、チランジア（エアプランツ）。チランジアは着生植物といって木に着生して育つ植物です。だから、園芸用の流木やコルク板（樹皮）などに株元をつけてあげる「板付け」をすると根が伸びてきて、大きく育ってくれます。チランジアは大きくなると、新しい葉を次々と出してボリュームアップしたり、花を咲かせたりと楽しみが倍増します。ぜひ板付けに挑戦してみてください。

着生材の入手が少し難しいかもしれませんが、ちょっと大きめの園芸店であればチランジアやビカクシダを扱っている近くに置いてあることが多いです。ネットショップなどでも「着生用」で検索できます。

100円ショップで購入した、「チランジア・イオナンタ」。水ゴケとコルク板で着生させたら、湿度が保たれてイイ感じに大きくなりました。最初は1株だったものが、いまは子株が出てきて2株に。

板付けに使う道具

板付けする植物の大きさに合わせて、流木かコルク板のどちらかを着生材にします。それぞれ必要なものを確認してそろえましょう。

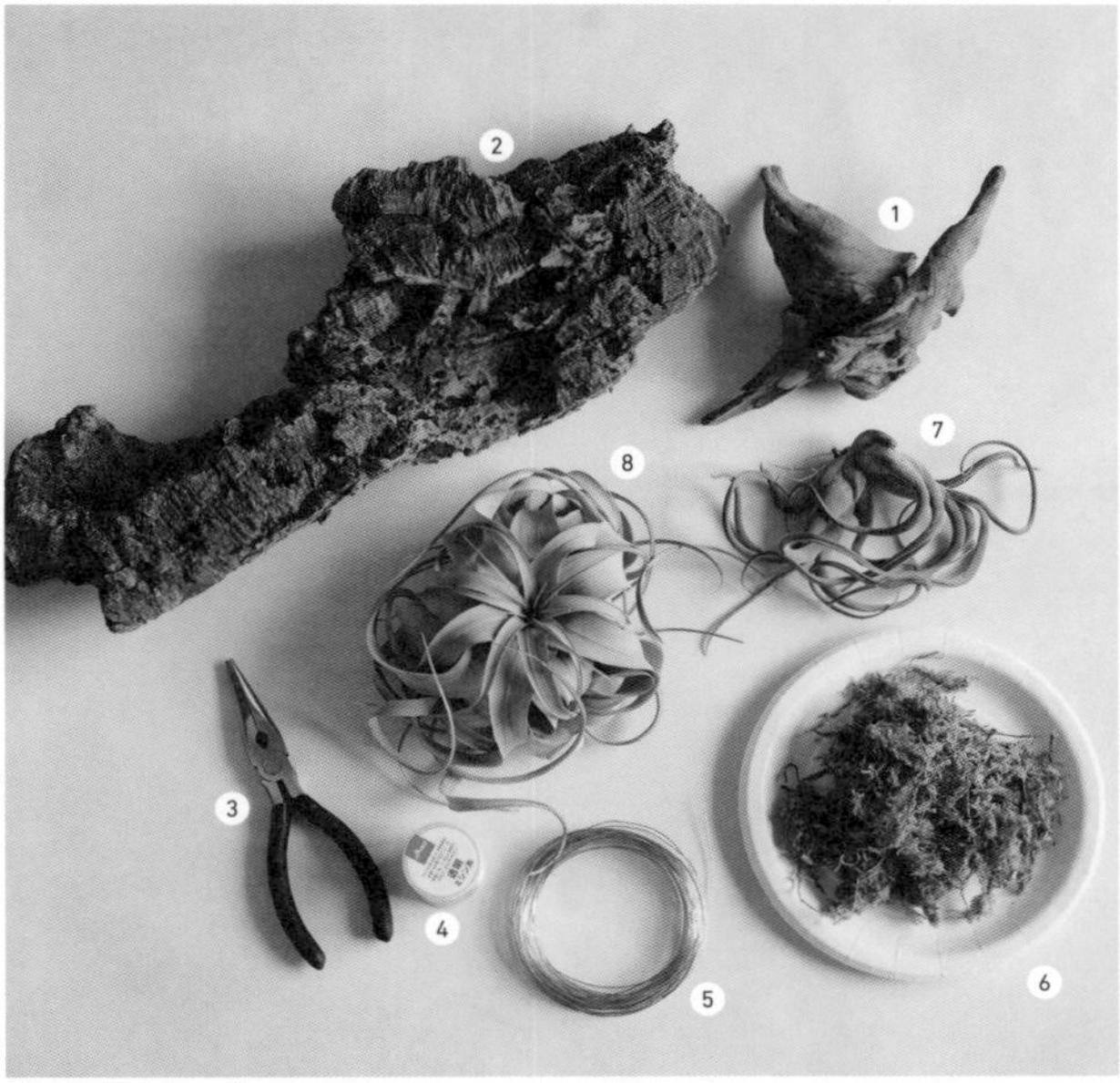

[流木への板付けで使うもの] ①着生材（流木）、③平ペンチ（もしくはニッパー）、⑤ステンレスワイヤー、⑦チランジア・カプトメデューサ。**[コルク板への板付けで使うもの]** ②着生材（コルク板）、④透明ミシン糸、⑥水ゴケ（前日に水で戻したもの）、⑧チランジア・キセログラフィカ

水ゴケの戻しかた

チャック付きの保存袋に乾燥状態の水ゴケを移します。水ゴケの重さに対して、4～5倍の重さ（例：水ゴケ100gには水400～500㎖）の水を注ぎ入れて5時間ぐらい置いておきます。水が滴るようなら軽く絞ります。

チランジアの流木への取りつけかた

ワイヤーと流木だけでできる、一番手軽で簡単な方法です。着生用の流木であれば、ニスが塗られていても大丈夫。

［使うもの］
ここでは「チランジア・カプトメデューサ」、着生材（流木）、ステンレスワイヤー（ここでは0・28㎜太さのものを使用）、平ペンチ（もしくはニッパー）

1 ステンレスワイヤーを曲げ、株元にかける

最初にチランジアを流木に置いてみて、座りがいい位置を確認します。ステンレスワイヤーを長めにカットし、半分に曲げてチランジアの株元にひっかけます。

2 ワイヤーで、流木にチランジアを固定する

1で決めた流木の位置にチランジアを置き、流木の裏側でワイヤーをまとめて平ペンチでねじって固定します。締めすぎるとワイヤーが株に食い込んでしまうので注意。余分なワイヤーはカットします。

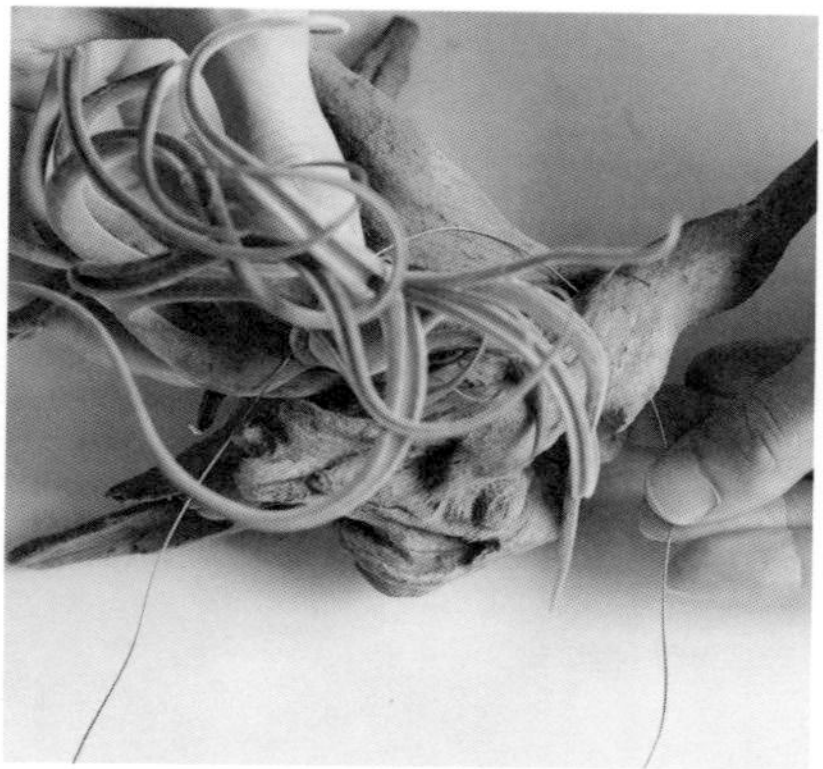

完成

3 流木を置いてみて、確認する

流木を置いてみて、株が動いてずれたり、不安定になって倒れたりしないか確認します。水やりやソーキング（87ページ）するときも、流木に取りつけたまま行います。

チランジアのコルク板への取りつけかた

コルク板とチランジアの間に、水ゴケを入れることで、湿度が保たれて生育がよくなります。見た目も◎。

［使うもの］
ここでは「チランジア・キセログラフィカ」、着生材（コルク板）、水ゴケ（水で戻しておく）、透明ミシン糸

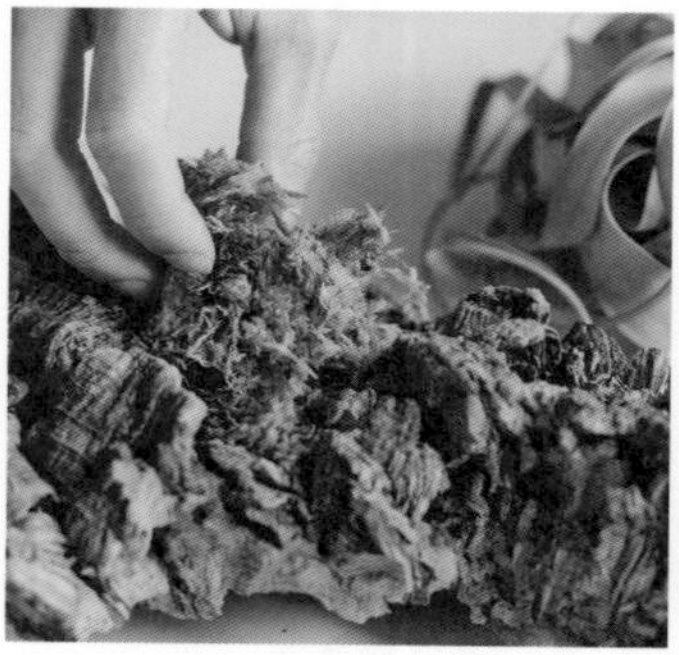

1 コルク板に、水で戻した水ゴケをのせる

コルク板にチランジアを置く位置を決め、前日に戻しておいた水ゴケ（89ページ）をのせます。その上にチランジアを置き、株元を水ゴケで覆います。

2 透明ミシン糸で、チランジアを取りつける

最初にコルク板の端のほうで、透明ミシン糸を巻きつけて裏側で結びます。チランジアの葉をかき分け、葉がねじれたり折れたりしないように整えながら、ミシン糸でコルク板に取りつけていきます。

3 井の字形を意識して、株を固定させる

チランジアの成長点がある、株の中心には糸がかからないように注意しましょう。端のほうの葉を透明ミシン糸にひっかけて、糸を井の字にかけるように意識して、縦・横しっかりとくくりつけます。

完成

4 立てかけてみて、動かなかったらOK

コルク板を立てかけてみて、株が動いたり、ずれ落ちたりしないか確認します。水やりやソーキング（87ページ）するときも、コルク板ごと行います。

糸のかけかた

ハンギングすることを考えているので、チランジアがずれ落ちないようにコルク板の向きを変えながら、透明ミシン糸が縦横しっかりかかるように井の字形に巻きつけて取りつけていきます。

ビカクシダの板付けに挑戦しよう

ビカクシダは鉢でも育てられますが、板付けしてハンギングすると、カッコよさが際立ちます。子株が出てきたときも株分けして、同じ方法で増やしてみましょう。

[準備するもの] ①ビカクシダ（ビーチー）、②コルク板（ワイヤーを通す穴を2か所開けておく）、③水ゴケ（水で戻したもの）、④ヤシ殻チップ（ベラボン・プレミアム）、⑤テグス、⑥ステンレスワイヤー（2mm太さ）、⑦透明ミシン糸、ほかに平ペンチかニッパーを用意

1 コルク板に、水で戻した水ゴケをのせる

事前にビカクシダを置く位置を決めておき、コルク板に開けたワイヤーを通して固定するための穴（写真の白い丸の位置を参考に）の中央に、前日に水で戻しておいた水ゴケ（89ページ）をのせます。

2 ヤシ殻チップを水ゴケの上にのせる

ヤシ殻チップは前日に水にさらして、アク抜きしておきます（僕も使っているベラボン・プレミアムならアク抜き済なのでそのまま使える）。水ゴケの上の中心部分に、ヤシ殻チップをのせます。

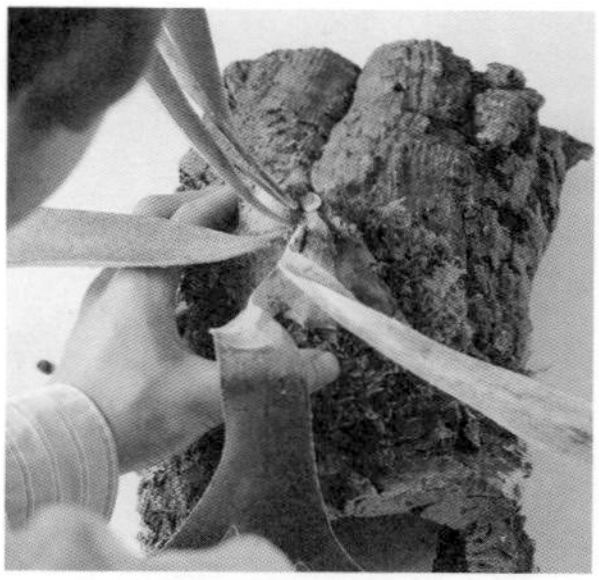

3 成長点が真上に、貯水葉が左右対称になるように置く

ビカクシダは、ハンギングしたときに成長点が真上に、貯水葉が左右対称になるようにしないと生育に影響するので、正しい向きになっているか注意しながら株を置きます。ビカクシダの成長点は葉の根元あたりにある、モフモフした芽のような部分です。貯水葉は丸みのある形をしています。

4 ステンレスワイヤーで株の下側を固定する

ステンレスワイヤーを長めにカットし、穴に通して株の下側を軽く押さえるように通します。きつすぎると株元が傷む原因になるので、株を支える程度にかかっているイメージです。

5 コルク板の裏側で、ねじって固定する

コルク板の裏側でステンレスワイヤーをまとめて、平ペンチでねじって固定します。締めすぎるとワイヤーが株に食い込んでしまうので注意。余分なワイヤーはカットします。

ビカクシダの板付けに挑戦しよう

6 水ゴケで株元を包み、テグスで取りつける

5のワイヤーごと、ビカクシダの株元全体を水ゴケで包み、山を作ります。テグスでコルク板と水ゴケをくくりつけて、株と水ゴケがしっかりくっつくように巻きつけて固定します。

8 透明ミシン糸で、水ゴケを固定する

透明ミシン糸で、水ゴケの山部分だけぐるぐると巻きつけて固定します。何度か足りない部分に水ゴケを足しながら、おわんをひっくり返したような形になるまで繰り返して山を作ります。

7 水ゴケを足して、山の形を整える

コルク板を持ち上げても株が動かないようになったら、根元部分の水ゴケの形をなめらかな山にするために、水ゴケを足していきます。うっかり成長点や葉の根元を埋めないように注意しましょう。

＼ 完成 ／

9 コルク板を持ち上げ、余分な水ゴケを落とす

コルク板を持ち上げて、余分な水ゴケやゴミをやさしく払って落とします。水やりやソーキング（87ページ）するときも、コルク板ごと行って大丈夫です。

着生植物を楽しむ

4

板付けしたら、ハンギングしよう

板付けする理由は、やっぱりハンギングがしたいから！コルク板ごと吊るせば、まるで自生しているかのような姿になります。

ハンギングフックを作る

コルク板とアルミワイヤーで簡単なハンギングフックを作ってみましょう。

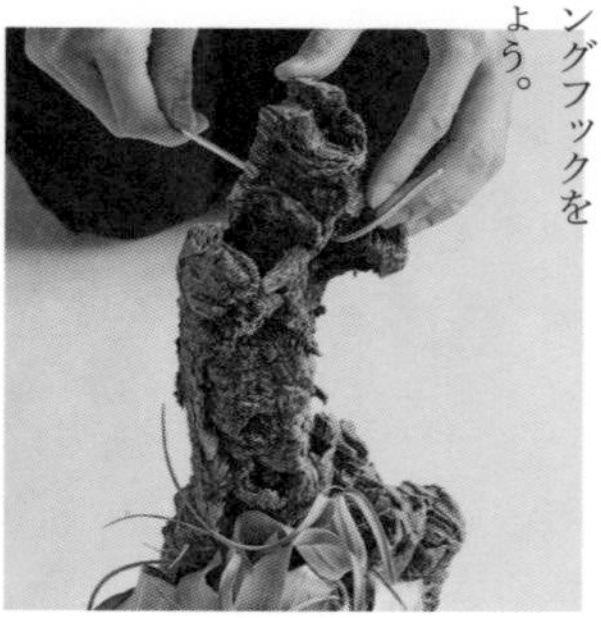

1 コルク板に穴をあけ、ワイヤーを通す

ハンギング用の穴をコルク板に開けます（上下の向きが重要な、ビカクシダの場合は板付け前に開けておきます）。やわらかいアルミワイヤー（3mm太さ）を長めにカットして、穴に通します。コルク板の裏側のワイヤーが長くなるように。

2 短いほうのワイヤーを曲げて、固定する

短いほうのワイヤーの端を曲げて、コルク板の裏側で長いほうのワイヤーにひっかけます。外れないように、先端を曲げて固定します（やわらかいワイヤーなので、手で曲げられます）。

3 長いほうのワイヤーでフックを作る

長いほうのワイヤーの端を曲げて、ハンギング用のフックを作ります。指にかけてみて、安定するくらいまで曲げます。かける場所が決まっている場合は、その位置に合わせて調節しましょう。

＼完成／

4 ハンギングした植物の姿を楽しもう

できたハンギングフックで吊るしてみて、着生植物の姿を楽しみましょう。水やりは水ゴケが乾いたら与えるようにして、湿度が過剰にならないように気をつけましょう。風をしっかり当てると上手に育てられます。

基本がわかってきたら覚えよう。季節に合った世話のしかた

環境が安定している室内で育てても、植物の生長には違いが出ます。
応用編として、季節ごとの世話のしかたをまとめました。

春 3～5月。暖かくなると植物が活発に生長をはじめる

気温が上がってくると、植物の生長が活発化します。植物の世話の9割がこの時期に集中しています。**環境**：桜が咲きはじめ、気温が高くなったら多肉植物は徐々に屋外管理に切りかえ。**剪定**：3月頃から傷んだ枝や葉の剪定や仕立て直しができる。**植えかえ**：植えかえや株分けなどの根を扱う作業はさらに暖かくなった5月頃がおすすめ。**肥料**：新芽が出て、生長が活発になったら与える。**水やり**：気温に合わせて徐々に頻度を上げて。

夏 6～9月上旬。梅雨と真夏では管理のしかたが違う

植物の生長速度がピークに。気温も上がり、水切れ（植物の水分が不足してしおれること）しやすくなります。ただし梅雨の時期は春よりも水やり頻度を少なめにし、日照不足と蒸れに注意を。**環境**：日差しが強くなるので、葉焼けに注意。直射日光は×。風によく当てる。ハダニに注意。**植えかえ**：根腐れに注意。土が古くなっていたら植えかえ。**肥料**：少し控えめに。**水やり**：真夏は土が乾きやすいので頻度を上げます。葉水は1日1回。

秋 9月中旬～11月上旬。環境の変化に注意する

だんだんと気温が下がり、成長もゆっくりになり、冬への準備をはじめます。**環境**：太陽の位置が変わり、日当たり具合が変わっていることも。植物は寒さに当たると、葉を落としたり枯れたりするため、急な寒暖差に注意。過ごしやすい時期は虫もわいてくるので、風通しをよくし、殺虫剤で予防。**肥料**：春に与えた肥料の効果が切れ、養分不足に。秋に与える肥料は液肥がおすすめ。**水やり**：土が乾くのが遅くなるため頻度を見直す。

冬 11月中旬～2月。植物の生長が緩慢に

植物の多くが休眠状態になり、根から水をほとんど吸収しなくなります。この時期は寒さと乾燥に注意し、水やり・葉水以外の世話はほとんど不要です。**環境**：屋外管理していた植物は部屋のなかに取り込む。日が短くなるので、日照不足に注意。多肉植物にはLEDライトの導入も。窓際から30cm以上離して冷気から守る。**剪定・植えかえ・肥料**：この時期にはしない。**水やり**：土が乾きにくいので、頻度を見直す。夏型の多肉植物は極端に減らす。

第5章

植物を無限に増やす方法、教えます

観葉植物　裏ワザ集

植物を無限に増やして、節約できる⁉
大人気のフィカスやモンステラの増やしかた、
インテリアグリーンとしておしゃれに見せる方法から、
害虫対策、植物を安く買う情報の探しかたまで。
役立つ、楽しくなる、必ず得する植物の裏ワザ集です。

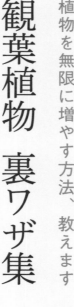

観葉植物を無限に増やす裏ワザ

植物の生命力を活かせば、お気に入りの植物1株から、無限に増やすことができます。自分で増やせば1鉢ごとに、約2000円丸もうけ！春～6月頃は成功しやすいので、ぜひやってみてください。

徒長ぎみの枝を、
バラバラにして

フィカスを増やす

新しく伸びている枝が、やや徒長（48ページ）しているフィカスのポリポット苗。徒《と》長枝《ちょうし》や余分な枝を間引いて剪定するついでに、切った枝を再利用して株を増やす方法「挿し木」のやりかたを紹介します。

フィカスの増やしかた

1 徒長している枝を剪定ばさみで切り取る

徒長した枝は植物のバランスを悪く見せてしまうため、早めに剪定して取り除きましょう。熱湯消毒した清潔な剪定ばさみで、徒長している部分をカット。元の枝部分にも成長点を残します。

2 切り取った枝の成長点を確認する

成長点は植物の細胞分裂が起こる場所。枝の場合、葉のつけ根のすぐ上にあります。ひとつの節に成長点と葉を1組ずつ残して、1で切り取った枝をバラバラにカットします。

3 切り口から出てくる白い樹液をふき取る

フィカスはゴムの木の仲間なので、切り口から粘性のある樹液が出てきます。皮膚につくとかぶれることもあるので注意。樹液をティッシュペーパーなどでふき取り、切り口をきれいにします。

4 切り口部分を水につけて発根させる

葉に触れないぐらいの深さまで、容器に水を入れて切り口部分をつけます。発根する（根が出る）まで水を1日に1回、こまめに替えながら直射日光が当たらない暖かい場所に置いておきます。

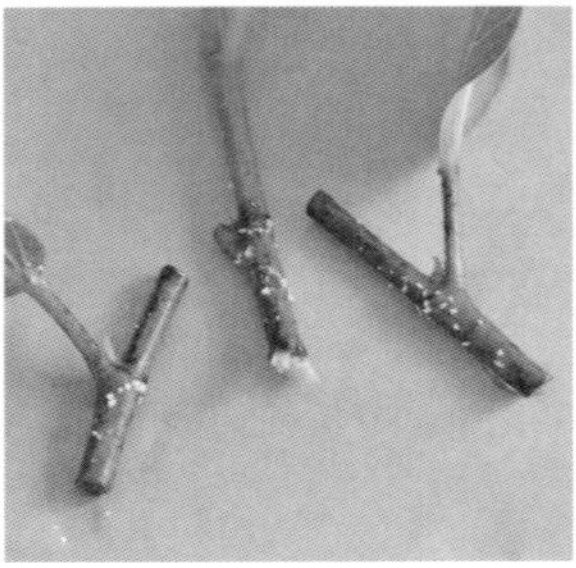

5 長い根が出てきたら、土に植えかえる

気温や植物の種類によっても違いますが、1～2週間で根が出てきます。もう少し長くしっかりした根が出たら、株の大きさに合わせて小さめの鉢に植えかえます（43ページ）。水やり頻度を上げて管理。

鉢いっぱいに増えた
茎を切り取って

モンステラを増やす

生育がよく、鉢いっぱいに育ったモンステラの中鉢。鉢の縁に当たっている茎や根元から気根（48ページ）が出ている茎などを根元から切り取り、混み合っている鉢のなかをすっきりさせましょう。切り取った茎から新しい株が作れます。

モンステラの増やしかた

1 混み合っているので、間引く茎を決める

混み合っている鉢のなかと茎・葉を確認しながら、間引く茎を決めます。気根が出ている茎は、挿し木にもってこい。それから、鉢の縁に当たっている茎や葉が傷んでいるものを中心に間引きます。

2 熱湯消毒した清潔な剪定ばさみで切り取る

今回は気根が出ている茎が、鉢の縁に当たっていて、大きな葉が少ない株だったので、気根が一番太い茎だけにしました。熱湯消毒した清潔な剪定ばさみで、気根をつけて株の根元から切り取ります。

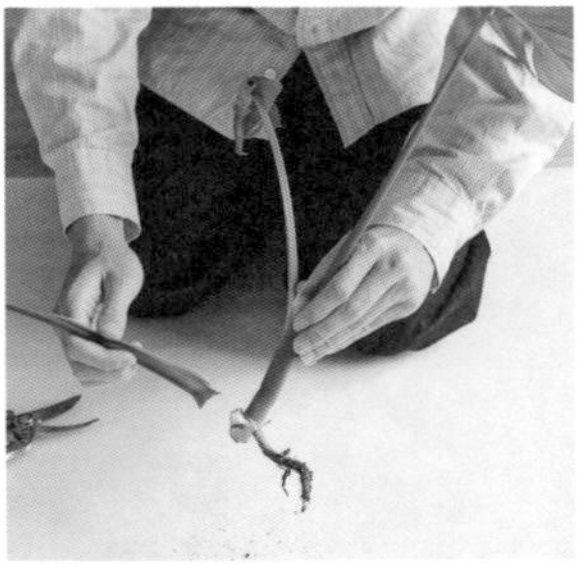

3 茎についている葉が1～2枚になるようにする

茎についている葉が1～2枚になるよう、新しい葉を残します。葉がそれ以上に多い場合は、外側の葉をはがします。茎の根元を見て、内側にあるものが新しく、外側にあるものが古い葉です。

4 茎の根元部分を水につけて発根させる

茎が立つくらいの深さの容器に水を入れ、根元部分をつけておきます。発根する（根が出る）まで水を1日に1回、こまめに替えながら直射日光が当たらない暖かい場所に置いておきます。

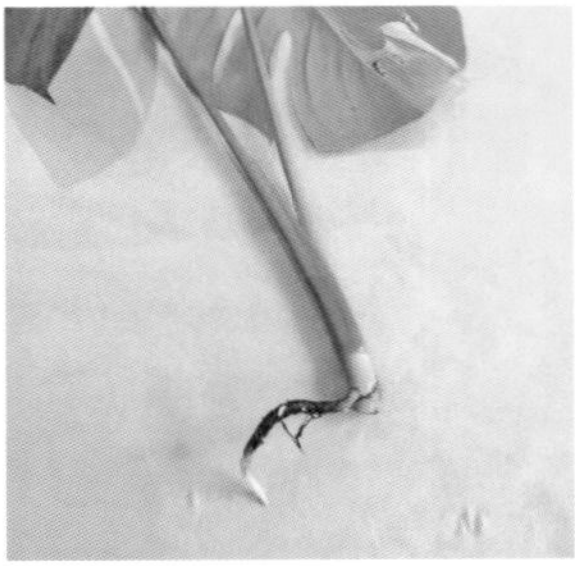

5 長い根が出てきたら、土に植えかえる

気根がついていると発根もしやすく、1週間ほどでしっかりとした根が出てきます。葉が大きくて茎も長いので倒れないよう、深さのある鉢に植えかえ（43ページ）、やや水やり頻度を上げて管理します。

生育がよく、
茂った葉を活かして

ポトスを増やす

葉がモサモサと茂っている、斑入りポトスのポリポット苗。生育がよく、つる性の茎が鉢の外に出てきています。根元に気根がついているので、挿し木のチャンス！　きれいな斑入りの葉がついている茎を選んで、増やしましょう。

ポトスの増やしかた

1 熱湯消毒した清潔な剪定ばさみで切り取る

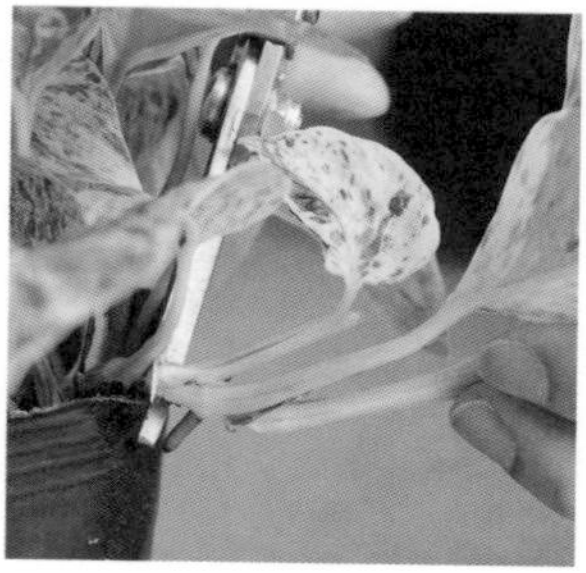

気根が出ている、きれいな斑入りの葉を選び、熱湯消毒した清潔な剪定ばさみで株の根元から切り取ります。つるが長く伸びている場合は、節（葉がついている茎のところ）ごとに切り分けます。

2 ポトスの気根は節から出る！

ポトスの気根は、葉がついている部分（節）から出ます。節は竹をイメージするとわかりやすいと思います。節がつながって1本の竹になっているように、枝や茎も同じように伸びていきます。

3 ひとつの気根に対し、葉を1～2枚残す

ひとつの気根に対して、葉を1～2枚残します。小さい葉や傷んでいる葉ははがしましょう。葉が大きい場合は、半分くらいに切ります。

4 葉の根元部分を水につけて発根させる

葉に触れないぐらいの深さまで容器に水を入れ、根元部分をつけます。発根する（根が出る）まで水を1日に1回、こまめに替えながら直射日光が当たらない暖かい場所に置いておきます。

5 長い根が出てきたら、土に植えかえる

気根がついていると発根もしやすく、1週間ほどでしっかりとした根が出てきます。株の大きさに合った、小さめの鉢に植えかえます（43ページ）。やや水やり頻度を上げて管理します。

観葉植物をおしゃれに見せる裏ワザ

部屋に植物を置いたのに、全然あか抜けない…！と悩んでいるなら、これから紹介するポイントに気をつけて、植物を飾ってみてください。あっという間に部屋があか抜け、インテリア上級者になれます。

おしゃれに見える樹形を選ぶ

植物の見た目には個性があって、同じ植物・品種でも1株ごとに枝や葉の伸びかた、樹形が異なります。まずは最初からおしゃれに見える樹形を選びましょう。形自体がおしゃれだから、工夫要らず。置いておくだけでさまになります。

最初から Y字形の植物を選ぶ

主幹を剪定されているY字形の植物は、わき芽がたくさん出てきます。枝が伸びて、自分好みのきれいな樹形に仕上がっている株を選べば、置いたその日からおしゃれ！　のびやかな葉の存在感が際立ちます。

枝ぶりが豊かだと おしゃれに見える

枝ぶり（枝の伸び具合や生えかた、恰好などをまとめて表現する言葉）が豊かな植物は、それだけでおしゃれ。写真のように植物の上部・下部にわき芽が出ていて、枝ぶりのバランスがいい株はおしゃれに見えます。

直置きをやめる

小〜中型の植物は高さをつけて置くことで、視界にほかのインテリアと一緒に入るようになり、あか抜けて見えます。ローテーブルやウッドスタンドなどの上に置いてみましょう。重い鉢や大型の植物は高さがあるから、直置きでＯＫ。

鉢や土をうまく隠す

そっけないプラスチック鉢や土が見えると、途端に生活感が出てしまい、野暮ったい印象に…。あか抜けさせるには「隠す」こと！　鉢は鉢カバー、土は麻布や化粧石でうまく隠し、そのまま見せない。それぞれ園芸店や100円ショップにもあります。

基本は鉢カバーに入れる

プラスチック鉢は軽いから便利。最近は見た目も機能性も優れたものがたくさんあります。育てている植物に対してちょうどいい大きさのものがないなど、デザイン性に欠けるプラ鉢を使う場合は、鉢カバーに入れて隠しましょう。

土をコーヒー用麻布で隠す

コーヒー豆が入っている袋のような麻布（ジュート）を使って、株元を覆って土を隠す方法。水やりをするときは麻布をどかして与えます。水やり後、表面を触っても土がつかないくらい乾いてから戻します。

マルチングストーン(化粧石)で隠す

株元の土を覆うための用土(砂利など)です。粒の大きさと白〜黒、赤茶系など色も豊富にあって、鉢の色に合わせたり、粒の質感で選んだりすることができます。水やり時は石をかき分けて土の状態を確認し、石の上からそのまま水を与えます。

ココヤシファイバーで隠す

モシャモシャとしたヤシの実の繊維で隠せばナチュラルな雰囲気に。水やりをするときは外しましょう。繊維が落ちるため、新聞紙などの上がおすすめです。水やり後、表面を触っても土がつかないくらい乾いてから戻します。

葉っぱのヨゴレ＝水アカをキレイにする裏ワザ

葉っぱの表面に白い斑点が……！ これって病気？ 害虫？

僕のインスタにかなり多く寄せられる質問のひとつです。これ実は、ただの「ヨゴレ」です。原因は葉水。葉水が少ないと、葉の表面にホコリがついてしまいます。いっぽう葉水をしっかり行うと、水道水に含まれているミネラルなどの成分が葉の表面に付着して、白い斑点のようになってしまいます。だいたいの場合、この2つのパターンのどちらかです。

どちらの場合も、葉の表面にヨゴレがついたままだと光合成が阻害され、植物の生育が悪くなる可能性があります。葉水のときに葉が汚れていないか確認して、ときどききれいにしてあげましょう。

ヨゴレの正体 1

ホコリ

やわらかい布などで、葉の表面をやさしくふき取ります。傷つけたり折ったりしないよう、丁寧に行います。

ヨゴレの正体 2

ガンコな水アカ

水アカには葉面洗浄剤が効く

軽く布でふいただけでは落ちない、ガンコな水アカには僕は葉面洗浄剤を使っています。葉水をよくする人は持ってたほうがいいです！ 「MYPLANTS 葉をきれいにするミスト」（発売元／住友化学園芸）

before

白い斑点（水アカ）がついてしまった葉の表面。スプレー缶をよく振って、たっぷり表面に吹きかけます。

after

白い泡がなくなって乾くまで、そのままにしておきます。葉の表面がきれいになってツヤも出ています。

水切り時間を短縮する裏ワザ

忙しい朝は時間がないから、水やりした後、水が切れるまで待ってられない！
それなら、この水切り網とトレーを一緒に使ってみてください。

水が簡単に早く切れて、労力も半減！

僕が普段、愛用している「水切りトレー」は、100円ショップの商品を組み合わせたもの。キッチンコーナーの水切り網と、収納コーナーのトレーがジャストフィット！

水が簡単に早く切れるところが一番のポイントで、実生苗などの小さい鉢が増えて管理しづらい人に特におすすめしたいアイテムです。見た目もよくなるし、僕は普段からこの水切りトレーの上に複数の株をまとめて置き、水やりや管理する場所にトレーのまま移動させています。本当にこれのおかげで、水やりの労力が半減しました。

水やり時はトレーを外して、網の上で与えます。水切りが甘かったときでも水切り網の上に鉢をのせておけば、トレーに水が落ちるから助かる。床や棚が濡れずにすみます。

旅行や出張、不在時に水やりする裏ワザ

植物に毎日の水やりは必要ないとはいっても、1週間ぐらい長期で家をあけるときはちょっと心配になりますよね？ そんなときには「自動給水器」が役立ちます。

水の容量によってS、Mの2サイズから選べる給水器「TWO TONE WATER DISPENSER」。（発売元／ amabro［アマブロ］）

電池要らず、自動で水やりしてくれる！

土のなかの水分が不足したときに、水を少しずつ出して給水してくれるガラス製の給水器。家を長期間留守にするときや忙しくて水やりを忘れがちなときに、水を入れて鉢に刺しておくだけで安心感が違います。

併せて乾燥と根腐れ防止対策を行いましょう。①出発直前に水をやり、植物を直射日光が当たらない場所に移動させる。自動給水器を使う。②サーキュレーターを回して、風通しをよくする。植物の種類や株の大きさ、季節によっても変わりますが、5日～1週間ぐらいなら僕の場合は大丈夫でした。帰宅すると、元気な植物たちが迎えてくれますよ！

部屋で虫に遭わないための裏ワザ

部屋のなかで虫を見たくない人、要チェック！
僕がやっている植物の害虫対策を紹介します。

浸透移行性の殺虫剤を使う

植物に虫がついてしまい、お気に入りの葉や枝を切らなくてはいけなくなった経験はありませんか？ そんな悲しい思いを繰り返さないために、虫が出てくる前から浸透移行性の殺虫剤を使って、害虫対策をしましょう。僕は、買ってきた植物を植えかえるときに使う土にも殺虫剤を入れています（43ページ・手順4）。

浸透移行性とは、殺虫剤の有効成分を植物が吸収し、植物自体が殺虫効果を持つようになること。害虫がその成分を吸収した植物を食べることで、殺虫剤の効果が出ます。ただしコバエには効果がありません。コバエの対処法は139ページで紹介します。

僕が使っている浸透移行性の殺虫剤は2つ。主に植えかえ時に使う粒状の「オルトラン® DX粒剤」と、虫と病気の対策に使うスプレータイプの薬剤（発売元／住友化学園芸）。

重たい鉢をラクに安全に運ぶ裏ワザ

植物の鉢が陶製だったり、株が大きくなってくると重くて、水やりや掃除のときに動かすのが大変ですよね？ それならキャスター付きトレーを使ってみて！

台の下にキャスターがついている花台（スタンド）。ストッパーがついていないので、基本的には移動させるときにだけ使います。

キャスター付きトレーでラクラク移動！

重たい鉢も片手ですいすいと移動させられるようになる、この魔法のようなアイテム。１００円ショップのガーデニングコーナーで見つけたときは大歓喜！ いままで水やり場所に移動させたり、掃除のときに少し動かしたり、部屋の模様替えで置く場所に悩んでいるときも、落としたらすごく危ないし、腰を傷めそうで恐る恐る抱えながら運んでいたのがウソのよう。これに鉢をのせるだけで、好きなところにラクに安全に動かせる！ ナチュラルな木製のほか、スチール製で白や黒、茶色のものも。耐荷重も5～20kgあり、本当に便利です。

まいたタネの発芽率を上げる裏ワザ

多肉植物のタネをまいたのに、全然芽が出てこない…！　なんていうことがないよう、実生（48ページ）にチャレンジする前に、おさえておきたいポイントを紹介します。

生育型を確認する＆芽を出しやすくする

多肉植物は生育が盛んになる季節ごとに、夏型、春秋型、冬型に分けられます。夏型と冬型は真逆。休眠期（生育が止まる時期）にタネをまいても、発芽した後の生育が遅れてしまったり、発芽するのにすごく時間がかかったりします。だから、タネをまくときは生育型を確認して、夏型なら4月〜9月、春秋型なら3月〜6月と9月下旬〜10月、冬型なら9月〜翌3月がおすすめ。

それから、生育するときに同じ環境で管理するため、タネをまく前に催芽処理（種をまく前に発根状態にして発芽を早めたり、そろえたりすること）をして、元気にたくさん発芽させましょう。

催芽処理のしかた

1. タネを選別する

変色や変形、カビや欠けがあるもの、小さすぎるものなどを取り除きます。残ったものを水に入れて、沈んだタネを使います。

2. キッチンペーパーを水で濡らす

キッチンペーパーをしっかり濡らして、水を含ませます。水が乾かないよう、チャック付き保存袋も用意。

3. 1で選んだタネを2ではさみ、暗い場所に置く

選別したタネを並べ、水を含んだキッチンペーパーではさみます。袋に入れ、発根状態になるまで数日程度、適温の場所に置きます。

4. 根が出たものを土にまく

根が出たタネを、用土にまいて水をたっぷりあげます。その後、発芽するまで水やりは不要。土が乾いてきたら霧吹きで水を与えましょう。

ペットがかじっても安心な植物を見分ける裏ワザ

ペットが室内の植物をかじってしまっても大丈夫？
毒性のある植物・ない植物を把握しておきましょう。

ペットOK、NGの観葉植物の例

毒性がある植物は置かない！

どんなに気をつけていても何が起こるかわからないので、ペットと暮らしている場合は毒性がある観葉植物・多肉植物を室内（手の届く場所）に置かないのが、一番確実で安心です。

毒のあるなしは「科」で確認します。毒があるのはポトスやモンステラなどのサトイモ科の植物。多肉植物のパキポディウムは特に毒性が強いキョウチクトウ科の植物です。いっぽう、毒性が低いクワ科のフィカスやモクセイ科のオリーブ、キジカクシ（リュウゼツラン）科のユッカ、サンセベリア、イノモトソウ科のアジアンタムなどは多少かじっても問題ない植物です。

植物を安く買う裏ワザ

多肉植物やエアプランツ、ビカクシダなどのブームもあり、たくさん流通することで手頃な値段で購入できるようになりました。でも、もっとお得に買う方法があります！

植物にもセール期間がある！

園芸店の実店舗で買いたい植物があったら、その店が入っている商業施設や、自分が持っているカード会社が開催しているバーゲン期間が狙い目です。また、店が定期的に目玉価格で販売している「朝市」や「シーズン商品」などのセール情報も、いまはＳＮＳなどで確認できるからチェックしてみて。

実は園芸店や園芸家などが販売するネットショップやフリマアプリなら、１点ものやレアな植物、こだわりのおしゃれな植物などが相場よりかなり安く買えることも。写真の商品が届かなかったりするトラブル防止のため、信頼できるところで購入しましょう。

セールのタイミングはいつ？

- 店舗が入っている商業施設のセール期間
- 土日の朝市などのタイムセールを狙う
- ショップの見切り品コーナー
- 季節商品の入れかえ時　など

第6章

水やりから虫対策まで

「こんなときどうする?」に答えます!

僕のインスタグラムには毎日、フォロワーさんから、植物について気になること、困っていることについての相談が、たくさん寄せられています。そのなかからよくある疑問について、Q&A形式でまとめました。ある程度、どんな植物にも共通しているから、ぜひ参考にしてください。

Q 水やりのしかたが植物によって違うのはなぜ？

A 生育時期や植物の特徴に合わせた、水やりをするため。

植物はおもに春〜秋に生長し、冬は生長が緩慢になります。だから、春〜秋は土の表面が乾いたらたっぷり水やりをし、冬は根が乾燥しない程度に与えるのが基本。ただし、すべての植物が同じように生長するわけではありません。多肉植物には冬に生長するタイプもあって、冬にたっぷりの水やりが必要です。植物はそれぞれ、自生していた環境（もっともよく育つ環境）や葉や茎、根の形状が違います。乾燥ぎみがいい植物、湿度が高いほうがいい植物など、それぞれの生育に適した環境や生育時期に合わせた水やりが大切です。葉水（48ページ）も同じ。葉が薄くて大きいフィカス・ウンベラータは夏も毎日行うのに対し、葉が薄く繊細なアジアンタムは蒸れを嫌うので夏は控えめにするなど、植物の特徴によっても注意してみましょう。

ネフロレピス

春と秋の水やりは土の表面がやや乾いたら。夏は毎日のように水を与えてもＯＫ。葉が蒸れないように、水は株元に与えます。

アガベ

夏型の多肉植物。夏に生長して冬は休眠するため、冬はほとんど水を必要としません。

サンセベリア

観葉植物として扱われますが、夏型の多肉植物でもあります。品種によって、冬は水やりのしかたが変わります。

水やりのギモン 2

Q 多肉植物などの、乾燥に強い植物の水やり頻度は?

A どの植物も基本的には、鉢の表面が乾いたら。

乾燥に強い植物とは、めったに雨が降らない地域や雨季と乾季があるような地域に自生していて、貴重な水を自分の肉厚な葉や茎、丸々とした根などにため込むことができる性質をもっています。だから多肉植物の多くは、水やり頻度は少なくて大丈夫というわけです。むしろほとんどの植物は過湿を嫌い、土が乾いてから与えたほうが生育がよくなります。

そもそも観葉植物と多肉植物を育てる土は構造が異なり、それぞれの生育に合った保水性を持っています(38ページ)。そのため、多肉植物は土のなかまで乾かしてもOK。根が枯れない程度に水をやります。乾燥に弱い植物以外は、葉が下を向いたり、丸まったり、シワが出たりする「水を欲しているサイン」が出てから与えてもいいくらいです。

乾燥に強い・弱い植物とその理由

強い	多肉植物やサンセベリア、ストレリチアなどは、多肉質の部分に水をためます。シェフレラなどの水が多いと大きくなりすぎたり、徒長の原因になる植物には控えめに。チランジアは空気中の水分を吸収します。
普通	フィカスやフィロデンドロン、モンステラなどの、水はけがよくて適度な保湿性をもつ土を好む植物。土の表面が乾いたら与えます。
弱い	ポトスやアジアンタム、エバーフレッシュなどは湿潤な環境に自生する植物。湿度が高い環境を好むため、土がやや乾きはじめたら与えます。

Q 受け皿に水が残っているといけないのはなぜ？

A 常に土が湿っている状態はダメ！

32〜35ページで「水やりはメリハリが大事」とお伝えしたように、土が乾かないと根が呼吸できなくなります。根が呼吸できない状態が続くと、根腐れの原因に。葉が黒ずんだり、幹や茎がぶよぶよしてきたりして、最悪の場合は枯れてしまいます。だから、受け皿に常時水がたまっているのはよくないのです。水を入れた容器に、鉢を入れて水やりをする「腰水（底面吸水）」という方法もありますが、それは水切れしてしまったり、根張りが弱くて普通の水やりができないなど、特別な場合に行うものだと僕は考えています。

また、受け皿の水が傷むと臭いがしたり、カビが生えたり、虫がわいたりすることもあります。コバエやトビムシは、ジメジメと湿った土の環境が大好き。受け皿に水がたまっていたら、必ず捨てましょう。

受け皿は水や土が出てくる鉢底が、直接床や棚につかないようにするためのもの。水やり後、しっかり水切りしましょう。

土と肥料のギモン 1

Q 肥料をあげるタイミングがわからない。

A 植えかえのときを目安にしましょう。

肥料は土のなかにある、植物の生長に必要な栄養分を補うために与えるものです。僕は植物を植えかえるときに新しい土と元肥を使っていて、それを基準にしています。生育期の春〜秋は肥料が不足しないようにするため、元肥の有効期限が切れる時期と生育期が重なったら追肥を与えます。追肥には固形肥料と液体肥料(液肥)があり、僕は基本的には固形肥料をおすすめしていますが、夏や秋は液肥のほうがいい場合もあります。固形肥料は温度が高くなると溶けるスピードが早くなり、水がよく乾く夏などは養分が濃くなりがち。液肥を規定量よりも半分ぐらい薄くして水やり回数を増やすことで調整します。元肥の効果が切れはじめる秋頃に与えるときも休眠期の冬に肥料は必要ないことから、効き目の短い液肥が有効です。

固形肥料の特徴と使い方

- タブレット状と粒状があり、長い期間穏やかに効き続ける肥料。追肥として用いるのはタブレット状のもの。一度に養分が溶け出さないように、表面が樹脂などでコーティングされている。
- 春〜秋の生育期の間、効き目が続くように1〜2か月(使用する肥料によって異なる)に1回、適量を鉢の表面に数粒置く。
- 生育が鈍る冬(気温が安定していて新芽が出たりする場合は与えてもよい)、弱っている株、植えかえ直後には肥料は不要。

液体肥料の特徴と与え方

- ほとんどのタイプが水で薄めて使う、液体の肥料。薄めずに使うアンプルタイプもあり、効き目が早く現れる。量を調節すれば、小さい苗にも使えるが、希釈が足りないと肥料焼けの原因に。
- 通常の肥料として使う場合は、水やりを兼ねて1〜2週間に1回与える。規定よりも薄いぐらいの水溶液をたっぷりあげるほうがいい。
- 根詰まりしていないのに葉の色が薄くなった、小さくなった、新芽が開かないとき。また、花や実をつけたときなどは液肥の速効性が役立つ。

Q ハイドロカルチャーで植物を育てると元気がなくなる。

A 長く、元気に育てたいなら「土」に植えかえて。

土を使わないハイドロカルチャー（水耕栽培）は、実は管理が難しいうえに、植物が生育するのに最適な環境とはいえません。ハイドロカルチャーは穴がない容器と、水を吸収するハイドロボールのような人工土を使います。育てかたは容器の底の水がなくなってから2～3日後に水を足して、肥料は液肥で与えます。手軽そうですが、ハイドロカルチャーで植物を育てると半年～1年で枯れることが多いです。

ハイドロカルチャーは、本当に根腐れが起きやすい環境です。常に湿っていて、根の生長に必要な空気が入れかわらないので、管理を徹底しないと植物は徐々に弱っていきます。長く、元気に育てたいなら、早めに土に植えかえましょう。土に植えかえた後は、根が枯れないように少し湿度を高く保つのがポイント。

ハイドロカルチャーは、植物の生育には不向きな環境。根腐れ防止剤を使うと効果があります。

日当たりのギモン 1

Q 「耐陰性」って結局どういうこと?

A 生育に光がどれくらい必要か、ということ。

植物の生長には光・水・風が必要です。なかでも、その植物の生育にはどれくらいの光が必要なのかを表しているのが「耐陰性」です。耐陰性がある植物は日が差さない、昼間でも薄暗い場所に自生していて、そもそも生長に光がさほど必要ないタイプ。耐陰性がない植物は日光が好きで、自生地ではすくすくと高く伸びるいっぽう、光が不足すると生育に悪い影響（徒長など）が出やすいタイプです。

一般的には「耐陰性がない」とされるサンセベリアやストレリチアを実際に僕が育ててみたところ、暗めな部屋（日陰）でも、カーテン越しの光が入る部屋（半日陰）でも、問題なく生長したので第3章では「耐陰性あり」のおすすめ植物として紹介しています。日当たりに関係なく、どこにも置ける貴重な植物です。

耐陰性について

ある （日陰OK）	日中でも薄暗く、日が当たらない部屋（日中、照明をつけずに文字が読める程度）でも育つ植物。ポトスやモンステラ、アジアンタム、シェフレラ、ネフロレピスなど。
普通 （半日陰で）	レースのカーテン越しの光が入る部屋で育つ植物。屋外では、木漏れ日のような明るい日陰。フィカス、ユッカ、フィロデンドロン、ビカクシダ、エバーフレッシュなど。
ない （日光が必要）	1日を通して太陽光が入る、明るい場所（日なた）で育つ植物。日当たりを好む植物でも、直射日光には注意が必要。アガベ、サボテン（種類によっては半日陰）、オリーブなど。

Q 植えかえるとき、鉢の大きさの選びかたがわかりません。

A 大きく育てるなら、ひとまわり大きい鉢を。

植えかえのときの鉢は、育てたい大きさに合わせて選びます。大きく育てている最中であれば、いま植物が植えられている鉢よりひとまわり大きい（鉢がすっぽり入って、指1本でラクに1周できるくらい）鉢に植えます（鉢増し）。使っている鉢のサイズがわかる場合は、1号（約3㎝）上の大きさのもの。もしいまの鉢が小さすぎて、ひとつ上のサイズではバランスが悪いときは、少し大きめの2号（約6㎝）ぐらい上のサイズの鉢に、鉢底石を多めに入れて植えかえます。

鉢を選ぶときにやってはいけないのが、大きくしたいからといって小さな株をいきなり大きな鉢に植えること。植物に対して土が多すぎると水が乾かなくなり、根の生長にもよくありません。元気に育てるには、徐々に「鉢増し」して大きくしていきましょう。

ひとまわり大きい鉢とは、いまの鉢の口径や高さが3㎝ずつ広く、深くなったもの。

植えかえのギモン 2

Q 植物をこれ以上サイズアップさせたくないときは?

A 同じサイズの鉢か、ひとまわり小さい鉢に植えかえて。

コンパクトに保ちたいときは、根鉢の根を整理して、底を3分の1切り落とす。

植えかえは、植物をこれ以上大きくしたくないときやコンパクトにしたいときにも有効です。鉢はいまの鉢よりもひとまわり小さい(鉢下げ)か、いま植えられている鉢と同じ大きさのものに植えかえましょう。同じ大きさの鉢に植えかえる場合は根詰まりの解消や古い土の入れかえを意識します。「鉢下げ」の場合、そのままでは根鉢が収まらないので太い根を残して、色が変わっていたり枯れていたりする根を取って整理すると、同じサイズの鉢に植えかえることができます。熱湯消毒をした清潔なカッターナイフなどで、根鉢(44ページ)の底3分の1を切り落として新しい根が伸びるスペースを作ります。根をカットした分だけ枝や葉も剪定して株全体のボリュームもひとまわり小さくしておくと、生育のバランスがよくなります。

Q 根詰まりするまでは植えかえなくてもいい？

A 植えかえは土を新しくする目的もある！

観葉植物のポリポット苗や鉢の底から、根が出てくることがあります。根詰まり？と思うかもしれませんが、実はよくある現象です。これを放置すると根がパンパンに広がり、茎や葉が黄色くなるなどの影響が出はじめます。プラスチック鉢の場合は触った感触でも確認できますが、陶器鉢に入れている場合は1～2年に1回は植えかえるようにしましょう。

植えかえは根詰まりの対処法として行うだけではなく、土を新しくする目的もあります。植物を長く育てていると土の粒子が割れて細かくなっていき、水がたまりやすくなります。そうなると今度は根腐れの原因に…。植物にとっては、そのとき植えられている土の状態が生育にすごく重要だから、気にかけてあげましょう。

根が鉢のなかを回り、上からも出ている。完全に根詰まりしたフィロデンドロン・セローム。土も減っている。

植えかえのギモン 4

Q 植えかえるとき、土はどのくらい残す?

A 土の崩し具合は、植物やその状態によって変わる!

僕は春に植えかえを行う場合は、根についている土をほとんど落としてから新しい土に植えかえています。土が古くなっているときもすべて落とします。植えかえは根にストレスを与えますが、春はこれから生育がよくなる時期なので、安心できます。つまり、そのストレスがダメージになる場合は崩しません。たとえば、細かいものばかりで太い根がなかったり、根が浅くてあまり張ってなかったりするときです。冬など日中でも15℃を下回る時期に買った新しい植物も生育が緩慢になる時期だから、根にストレスをかけないために崩さないほうがいいというわけです。

植えかえのギモン 5

Q 植えかえの後に枯れるのはなぜ?

A 根を傷めたか、乾燥が原因かも。

植えかえの後に枯れるのは、根を傷めてしまったのが原因であることが多いです。土を落とすときに枯れた根や細い根だけでなく白くて太い健康な根を切ってしまったり、根を強い光に当ててしまったりすると、根に大きなダメージを与えます。植えかえのような、根を触る世話は直射日光が当たらない半日陰の場所で、やさしく丁寧に行いましょう。

植えかえ後にたっぷり水やりと葉水をしますが、その後も根が張ってくる2週間〜1か月の間はデリケートな状態なので明るい日陰に置き、普段よりも水やり頻度を多めにして、根が乾燥しないよう注意してください。

Q 剪定はいつやればいい？

A 春〜6月ぐらいに剪定すると、新芽が出やすい！

観葉植物の剪定や切り戻し、下葉が枯れたり徒長したりして姿形が乱れた多肉植物の仕立て直し、これらの剪定ばさみを使った作業に適した時期は、植物の生育時期によって異なります。剪定すると新芽が出やすくなったり、わき芽の生育を促したり、風通しがよくなったりと植物にとっていいことずくめです。

ただし、129ページではサイズアップさせたくない場合、植えかえのときに根を切って剪定をするとお話ししましたが、鉢のサイズを上げて大きく育てたい場合、植えかえと剪定を一緒にするのはやめましょう。まず3月頃に植えかえをして根を生長させ、最低3週間以上あけて剪定するのがおすすめ。だから、観葉植物の樹形を整える本格的な剪定なら、ゴールデンウイーク頃が一番いいといえます。

剪定・仕立て直しの適期（目安）

（月）		適期	適期	備考
観葉植物		3月〜6月	9月〜10月	＊冬は避ける
多肉植物	夏型	4月〜6月	9月〜10月	＊梅雨は避ける
多肉植物	春秋型	3月〜5月	9月中旬〜10月中旬	
多肉植物	冬型	1月〜3月	9月中旬〜12月	

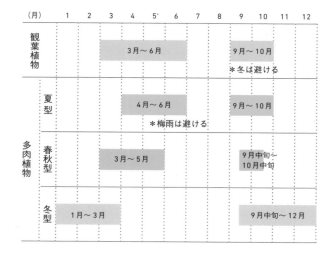

剪定のギモン 2

Q 剪定するときは、どこを切ればいい?

A 剪定の目的によって異なります。

剪定には大きく分けて「切り戻し剪定」と「間引き剪定」があります。切り戻し剪定は枝の途中で切り、その下の成長点から新しい枝を伸ばして樹形を整えるために行います。間引き剪定は、不要な枝(混み合っている枝、徒長枝、病害虫に侵された枝など)をつけ根から切り取ることです。

切り戻し剪定後はわき芽が出て、新しい枝が出てくるようになります。剪定後の枝の一番上の成長点から伸びてきます。切りかたや切る位置によって、自分の好きな位置から新しい枝を伸ばすことができます。

剪定をするときはやみくもに切るのではなく、理想の樹形に育てることを考えてみましょう。自分好みの樹形の写真があったら保存して、今後の資料に。

間引き剪定

切り戻し剪定

Q 「葉焼け」って何？

A 葉が強い光に当たって、やけどした状態。変色する以外に枯れることも。

ベランダで約2時間直射日光に当たり、葉焼けしてしまったアガベ。

直射日光などの強い光に当たったのが原因で、植物がやけどをした状態。日陰や室内で管理していた植物をベランダに出したり、置き場所をちょっと変えたりした後に、葉の一部あるいは全部が黄色や茶色に変色した場合は、ほぼ確実に「葉焼け」が起きています。

葉焼けは人間の日焼けが元の肌の色に戻るのとは異なり、元の緑色の葉に戻ることはありません。重度のやけどを起こした状態で細胞組織が壊死しているからです。一度壊死した組織は回復できず、そのまま枯れて葉が落ちます。葉1枚ならともかく、株が全身大やけどをしてしまったら、株自体がダメになってしまいます。強い光が好きなアガベでも葉焼けは起きるから、慣れるまでは直射日光に当てずに徐々に時間を延ばしたり慣れさせていくように気をつけましょう。

生長トラブルのギモン 2

Q 植物をがっしりさせるには?

A 光にしっかり当てて、肥料を与えよう!

植物がひょろひょろと頼りない、間延びした姿に育ってしまったことを「徒長」といいます(48ページ)。徒長した部分は、元には戻りません。見た目のバランスが悪くなり、細胞組織がもろいため、病害虫の影響も受けやすくなります。切り戻して新しい枝を出し、幹をがっしりと充実させましょう。徒長の原因の多くは日照不足や水の与えすぎ。十分な光にしっかり当てて、生育期に必要な分の肥料を与えましょう。置き場所を直射日光が当たらない明るい場所に移動させたり、日光が好きな多肉植物には植物育成用のLEDライトを使ったりすることで、日照を補います。

生長トラブルのギモン 3

Q 新芽が開かないときは、どうしたらいい?

A 葉の乾燥か、土の肥料不足かも。

植物の新芽が出てきても丸まったり、開かなかったりしてしまうことがあります。さまざまな原因がありますが、一番大きな原因は水不足だと思います。

新芽が生長しているときや新芽が開く前、水分や光、肥料分が不足すると、新芽が開かなかったり、小さくなってしまった葉が出てきたりするようです。意識して水やりや葉水の頻度を見直しましょう。

それから肥料不足。植物の生育が盛んになる春は、栄養を欲している時期です。新芽が出てきたら、肥料を与えましょう。植えかえをするなら、固形肥料を使ってみてください。

Q 葉先が枯れてきました！　どうして？

A 根のトラブルかも。

葉には植物の状態が現れます。水が足りなくなってくると葉がしおれたり、縮んだり、丸まったり。

葉先が枯れてくるときも、水が不足しているサイン。実はその原因は、根にあります。葉先が枯れたり、黒くなったときは、根の乾燥や根腐れのせいで水が十分に吸収できなくなっていることが多いと思います。だから水を与えるだけでは不十分で、普段の管理を見直して原因に対処しないと症状が改善しません。

僕が育てていてわかった、葉に現れるトラブルとその原因、効果的な対処法について、下の表にまとめました。植物がなんとなく元気がなくなったり、いろいろやってみたものの、症状がよくならなかったときなどの参考にしてください。

葉でわかるトラブルの原因と対処法

黒く枯れた	強風やエアコンの風に当たるなど。置き場所を見直し、被害がひどい場合は剪定。葉焼けや根腐れの場合も。
下葉が黄色い	根詰まりや根の乾燥、肥料・日照不足などが原因。根の張り具合を見て、植えかえや水・肥料・日当たりを見直し。
葉の中心などが黄色くなった	軽い葉焼けかハダニの可能性が。日当たり具合やLEDライトの位置を確認。虫がついていたら殺虫剤を使います。
葉先が枯れたり、黒くなった	根腐れなどの、根のトラブルや乾燥が考えられます。根の状態を確認し、植えかえや水やり頻度の見直しを。
斑がなくなった	日照不足で、効率化のために緑色(葉緑素が多い)の葉が増えたのかも。遺伝子の先祖返りで斑がなくなることも。
まだらになった、黒い点々がある	ハダニやアブラムシなどの害虫が原因かも。すす病などの病気を媒介するため見つけたら殺虫剤・殺菌剤で対応。

生長トラブルのギモン 5

Q 弱っている植物を復活させることはできる?

A 復活できるものとできないものがある!

ショップの見切り品コーナーなどで、弱っている植物を助けてあげたくて家に迎えた、という方など、救済方法についての質問も多く寄せられます。答えは「復活できる場合もある」です。株の状態や原因によっては難しく、諦めたほうがいい場合ももちろんあります。僕がショップで見かけた植物(写真)で、復活できるかもと思ったのは「下葉だけが黄色くなっている大株」と「虫がいる、根は大丈夫そうなミニ鉢」。大株は植えかえと水やりで、虫のほうは殺虫剤と植えかえで生まれ変われそう。「枯れそうな葉が1枚ついているミニ鉢」は、復活は難しいと思いました。ただ、同じ原因・症状で違う植物なら復活できる場合も。弱った植物を元気にするのはとても大変です。できれば、生命力が強い大株を購入したほうが無難です。

上：白い糸はハダニがいるサイン。殺虫剤と植えかえで復活できるかも。下：おそらく乾燥が原因。1枚しかない葉がダメージを受けているので、復活は難しい。株に体力が残っていれば、根元から新芽が出る。

Q ハダニはどこからやってくる?

A 植物を外に出したときや、買ってきたときからいることも。

植物を外にまったく出さなくても、残念ながら虫はどこからか、わいてきます。外に出して水やりしているときに付着したり、買ったときから卵がついていたり、家にあるほかの植物から移ったり、虫の侵入経路はさまざま。だから僕は、買ってきた植物は植えかえの時点で浸透移行性の殺虫剤(116ページ)で、害虫予防をしたり、スプレー式の殺虫剤で対策をしています。気をつけていても、どこかで何かのタイミングで虫が発生することもあるから、水やりや葉水を行うときに、週に一度は植物の茎や枝、葉の表裏を見て確認しましょう。害虫がついていたらすぐに布巾などでふき取り、対象の害虫に効果がある殺虫剤を散布します。虫が媒介する病気もあるから、病気にも効果がある薬剤がおすすめ。

ハダニがついてしまった「フィカス・ベンガレンシス」の葉。葉の裏側もよく見よう!

害虫のギモン 2

Q 虫を見かけたらどうしたらいい?

A 殺虫剤を使う&発生原因別の対処法を!

「ベニカXネクストスプレー」(発売元／住友化学園芸)のような殺虫殺菌剤があれば、害虫だけでなく病気にも対処できます。

コバエ(成虫・幼虫・卵)やトビムシに効く「MYPLANTS コバエを退治するスプレー」(発売元／住友化学園芸)。

害虫を見かけたら、まず布巾やブラシで虫を取り除き、その植物に適用のある薬剤を使用します。虫は対処しなければ、ずっとわき続け、増えていきます。アブラムシ、カイガラムシ、コナジラミなどの植物の汁を吸う虫は浸透移行性の殺虫剤(116ページ)が有効です。また、コバエ(キノコバエ)やトビムシなどジメジメした土を好み、ほとんど植物を食べない虫もいます。植物の生育には問題なくとも、その虫が発生しているということは常にジメジメしている環境になっているのかも。コバエ用の殺虫剤を使ったり、清潔で乾きやすい土に植えかえてみましょう。害虫のなかにはウィルス病を媒介する種類もいます。早期に見つけて、すぐに対処すれば部屋中の植物に広がってしまうような大きな被害を防ぐことができます。

おわりに

インテリアとして迎えた1株のベンガレンシスから、僕の人生は大きく変化しました。植物の育てかたがわからず困っている人に、僕ができること、知っていることを発信したり、植物について楽しく語れる仲間を探すためにはじめたインスタグラムの投稿から、僕の世界や可能性が広がっています。

２０２１年10月に０人からスタートしたインスタグラムは、フォロワー数が15万を超えました。僕と同じように、植物が好きな人がこんなにも多くいることにうれしくなりました！

投稿してきた約３００件の植物に関する知識と、３０００件を超えるフォロワーさんからの植物相談から得た知見が、この本にまとめられています。

植物を枯らしても落ち込まないで。どうしても原因がわからなければ、いつでも僕のところに相談しにきてください。そして、植物について熱く語り合いましょう！　すべての植物を愛する人たちに、届きますように。

かい

園芸インストラクター。農業高校時代から園芸に親しみ、現在も農業関係の仕事に従事。引っ越しをきっかけに観葉植物を購入、会社員として多忙な生活を送りながら、これまで40種類・200株以上を育てている。2021年10月より、自らの経験を基に観葉植物の育て方や楽しみ方をInstagramで発信。毎日寄せられる観葉植物についての相談に丁寧に回答、解決に導いている。

Instagram： @botanical_vlog

撮影協力

プロトリーフ ガーデンアイランド玉川店

園芸用土メーカーが運営する、都内最大級の園芸ショップ。季節の草花から樹木、観葉植物や多肉植物まで多彩な品揃えを誇る。定期的にワークショップやフェアを開催し、植物と楽しく暮らすための提案を行っている。

［所在地］

東京都世田谷区瀬田2-32-14

玉川髙島屋S・C　ガーデンアイランド1F、2F

電話03-5716-8787

［営業時間］

10:00 ～ 20:00（1月1日のみ休館。臨時休館の場合は、HPやSNSにてお知らせ）

［HP］

https://www.protoleaf.com/

＊2024年5月19日以降、施設閉館にともない一旦休業。

同年秋頃に玉川髙島屋S・C本館屋上へ移転・リニューアルオープン予定。

＊詳細はHPやSNSにてお知らせ。

Special Thanks to

@_toa0810_、@05ks7、@38icecream、@3baby.amaki、@aki.8254、@aki.so.shun、@asadakazuyuki、@ayami_0109、@cariiica、@chihari.m、@cya_ra22、@d.sing.shrimp、@eishouen_bloom、@haruharupi、@hikko1025、@ikurasky、@itsumo_harapeko_yuki、@kimi__inuinu、@kiyoshi_oct6、@kujou9、@kurukuru379、@latte_maniju、@lema._.lema、@luke29luke、@lykl22l、@ma1.2.3、@maa1._.2、@megumeguminmin、@megumizukireiyu、@mi__chan1228、@miffy406、@mika_san_us、@miyaaaaako_24、@moon3camp、@morie1222、@mtrm116、@mujioji3、@norikoo39、@ooopqrstuvcut、@oshi_yamo、@plant___house、@poponoie2021、@raiyumin1204、@reiko.yokota、@rinari0102、@rtkmama、@ryo_no_hobbyroom、@saria_rakurecipe、@sawaism、@sghtm1215、@smmmnsuuun、@sor1004、@souichirou_95fd2、@sy_o_gon、@taru.taru.maiko、@tomuw、@y.tomoya、@yk_4831、@yuko_higuchi、@yurimm515、@zapateria.23

（Instagram アカウント名は 2023 年当時のものです。）

観葉植物男子《かんようしょくぶつだんし》

会社員《かいしゃいん》が200株《かぶ》と暮《く》らしてわかった、
枯《か》らさないコツ

2024年4月2日　初版発行

著　者　かい
発行者　山下直久

発　行　株式会社KADOKAWA
〒102-8177　東京都千代田区富士見2-13-3
電話0570-002-301（ナビダイヤル）

印刷所　大日本印刷株式会社
製本所　大日本印刷株式会社

●お問い合わせ
https://www.kadokawa.co.jp/（「お問い合わせ」へお進みください）
※内容によっては、お答えできない場合があります。
※サポートは日本国内のみとさせていただきます。
※ Japanese text only

定価はカバーに表示してあります。

ISBN 978-4-04-897741-8　C0077